도대체
극단주의가
뭐야?

10대를 위한 글로벌 사회탐구

도대체
극단주의가
뭐야?

안야 러임쉬셸 지음 | 김완균 옮김 | 이시내 그림
해제 구정은

 비룡소

추천의 글
증오와 혐오 대신 필요한 것은?

박재열
고양파주사회교사모임 회원, 봉일천고 교사

사실 '극단주의'는 우리 사회에서 좀 낯설어요. 극단주의는 지금의 사회를 뒤엎고 새로운 사회를 건설하려는 정치적·종교적 노력입니다. 우리 사회의 기반인 민주주의와 법치주의를 거부하죠. 한국 사회에서 이런 극단주의는 뚜렷하게 드러나지 않습니다. 그렇더라도 극단주의의 면면이 우리의 사회문제와도 맞닿기에 '극단주의'에 대해 알 필요가 있어요.

요즈음 증오와 혐오 범죄가 많이 늘어나고 있습니다. 청소년들과도 무관하지 않아요. 인터넷상에서 무리를 지어 특정 지역이나 특정 인종을 비하하고, 심지어는 그 대상에게 폭력까지 행사합니다. 이런 사람들이 지금은 몇몇 소수 집단일 수 있지만,

그것이 커다란 단체를 이루고 민주사회를 무너뜨리려 한다면 극단주의 세력이 되는 것입니다.

이 책은 극단주의가 어떻게 생겨나는지 조목조목 짚습니다. 입시와 무한 스펙 쌓기로 받는 스트레스에 극단주의자들은 아주 간단한 해결책을 내놓습니다. 모두 정치가 문제라고 하죠. 또한 가족이나 친구들에게 사랑받지 못했거나, 어려서 학대나 왕따를 받아 상처를 입었다면 극단주의 조직의 일원으로 특별한 소속감을 느끼게 해 줍니다. 저자는 극단주의가 이런 문제에 대한 올바른 해결책이 아니라고 말합니다. 왜냐하면 우리가 애써 만들어 온 민주주의 사회가 위태로워지고 나아가 우리의 기본권마저 위험에 처하기 때문이죠. 그러면서 조금은 더딜 수 있지만 올바른 이성을 바탕으로 상대방을 존중하면서 대화를 통해 민주적인 방식으로 변화를 만들어 나가자고 권합니다.

정치사회 현안들에 관심을 기울이고 목소리를 내고 싶은 청소년이라면 무척 흥미롭게 읽을 수 있는 책입니다. 국제 뉴스에 귀를 기울이는 눈 넓은 청소년들에게는 기반 지식을 탄탄하게 세울 수 있는 자료가 될 것입니다. 더 나은 세상을 꿈꾸는 청소년들에게 선물하고 싶은 신뢰도 높은 책입니다.

차례

일러두기

1. 외래어는 국립국어원의 외래어표기법을 따랐습니다.

2. 본문 중 사진과 그림, 한국 사례 도표는 편집 시 넣었으며, 원서에는 없습니다.

3. 『코란』 번역은 원서의 독일어 번역과 웹사이트 https://quran.com 의 영어 및 한국어 번역을 참조했습니다.

들어가는 말
나라를 통째로 바꾸려는 사람들

우리 삶은 이제 어떠한 변화도 필요 없을 만큼 완벽할까요? 아니면 문제가 너무 많아서 급격한 변화가 필요할까요? 많은 사람의 생각은 대부분 이 두 가지 극단적인 주장 사이 어딘가에 자리합니다. 하지만 모두가 다 그런 것은 아니에요.

지금 우리는 과거에 비해 더 행복해합니다. 전쟁이나 기아를 걱정하는 사람들이 많지 않지요. 그런데 아프가니스탄에서 중앙아프리카공화국에 이르기까지 많은 나라에서는 수많은 어린이들이 제대로 교육을 받지 못합니다. 심지어 여자아이들은 아예 학교에 다닐 수조차 없지요. 반면에 우리는 여자든 남자든 모든 어린이가 교육받을 권리를 가져요. 국가로부터 경제적인 도움을 받을 수도 있지요. 예를 들어 수입이 너무 적은 사람에게는 매월 생활 보조금이 지원돼요.

겉으로 보기에는 아무 문제없이 정상적으로 돌아가고 있습니다.

그렇지 않나요?

하지만 조금만 더 자세히 들여다보면, 심각한 사회문제가 하나둘이 아닙니다. 많은 어린이가 영화를 보러 가거나 학교 매점에서 간식을 사 먹을 수도 없을 만큼 경제적으로 힘들죠. 자신이 버는 돈만으로는 살 집을 구할 수 없는 사람들도 많아요. 유독성 자동차 배기가스는 대도시의 공기를 오염시키죠. 많은 사람이 착취당하고, 동물이 학대받으며, 환경은 파괴되고 있습니다. 그런데도 경제 시스템은 지속적인 성장과 수익에만 초점이 맞춰져 있어요. 소외되었다고 느끼는 수많은 사람은 바로 옆집에 누가 사는지조차 모르고 살아가죠. 정치인이나 공무원들은 부정부패를 방지하고 모든 시민의 평등권을 보호하려 애쓰기보다, 공공기관 실내 온도 제한처럼 일상의 거의 모든 부분을 시시콜콜 통제하려 하고요. 그러기에 우리는 복잡하기만 한 관료주의에 대해 푸념을 늘어놓을 수밖에 없습니다.

결국 아직은 해결해야 할 문제들이 산더미처럼 쌓여 있는 거예요. 이 나라에서의 삶을 더 낫게 만들기 위해 많은 사람은 정치에 관심을 갖고, 이런저런 선거에 후보자로 나서고, 각각의 사안들에 대해 연대 서명을 받고, 집회나 시위에 참가하거나, 자원봉사자로 활동하고, 혼자 사는 옆집 노인을 위해 대신 쇼핑을 해 주기도 합니다.

그런데 이런 기본 원칙들을 지키지 않고, 이 나라를 통째로 바꿔 놓으려는 사람들도 있어요. 이들은 사회가 근본적으로 변화하기를 원합니다. 자신이 꿈꾸는 완벽한 사회로요. 또한 민주

주의를 무너뜨리고, 삼권분립을 폐지하며, 국민의 기본권을 제한하려고 하지요. 지금 우리가 살고 있는 사회와는 완전히 다른 형태의 체제를 만들기 위해 투쟁하며, 필요하다면 폭력을 쓰는 것도 주저하지 않아요. 정치인과 사회학자를 비롯한 시민들은 그런 사람들을 가리켜 극단주의자라고 부르곤 하지요.

이 책의 주제는 '극단주의'입니다. 다음과 같은 질문에 대해 설명하려고 해요. 극단주의는 원래 무엇일까요? 극단주의자는 어떤 사람일까요? 극단주의적인 사고방식과 태도의 특징은 무엇일까요? 극단주의에는 어떻게 대처해야 할까요? 그리고 이 모든 문제들은 지금 여기에서 살고 있는 우리들과는 어떤 관련이 있을까요?

무엇이 극단주의를 그토록 위험한 것으로 만드는지 이해하려면 먼저 몇 가지 사항부터 살펴봐야 해요. 이 사항들에 관한 설명이 어쩌면 지루하고 따분하게 느껴질지도 모르겠네요. 하지만 이 문제 역시 우리가 삶을 꾸려 나가는 것 못지않게 중요합니다.

1장

극단주의란
무엇일까?

극단주의 개념에 대하여

모든 국민의 정치 성향을 하나의 선분 위에 놓인 점들이라 가정해 봐요. 온건한 성향들은 한가운데에, 극단적인 성향들은 양쪽 가장자리에 놓고요. 아마도 대부분의 점들은 한가운데를 중심으로 좌우에 자리할 거예요. 가장자리 쪽으로 갈수록 점들의 숫자는 점점 줄어들 테고요. 이는 극단적으로 좌파나 우파 성향인 사람은 그리 많지 않다는 사실을 뜻합니다. 좌파나 우파로 지칭되는 정치 성향은 1792년에 열린 프랑스 국민의회의 좌석 배치에서 비롯되었어요. 정치적·사회적 변화를 추구하던 정당들이 왼쪽 자리에 앉고, 사회를 기존의 모습 그대로 유지시키려던 정당들이 오른쪽 자리에 앉았거든요. 그래서 좌파는 흔히 진보적 성향을, 우파는 보수적 성향을 뜻합니다. 좌파가 추구하는 가치로는 사회적·정치적 평등, 약자와의 연대, 다른 문화와 종교에 대한 개방성 등이 있어요. 우파가 중요하게 여기는 가치로는 개인의 자유, 자율성, 자기 문화에 대한 자부심 등이 있고요.

사람들을 **정치 성향**에 따라
한 선분 위에 올려 놓는다면?

무조건
평등!

우리 민족만
품겠다!

좌파
진보적 성향

우파
보수적 성향

위 선분의
맨끝에 자리한

극단주의는
가장 극단적인 정치적 태도!

극단주의Extremism는 가장 극단적인 정치적 태도를 뜻합니다. 학자들은 주로 민주주의와 법치주의를 거스르는 성향이나 행동들을 극단주의라고 이해해요. '민주주의'는 국민이 나라의 주인으로서 권력을 행사하는 것이고, '법치주의'는 법에 따라 나라를 다스리는 것을 말해요. 이 두 가지 제도를 모두 따르는 국가를 '민주 법치국가'라고 할 수 있습니다. 그런데 극단주의 전문가들은 극단주의자들이 무엇에 반대하는지를 설명한 이런 학자들의 정의를 비판하곤 해요. 독일 켐니츠대학교의 극단주의 연구자인 톰 마네비츠는 극단주의를 다음과 같이 정의했어요.

"극단주의는 민주주의의 틀 안에서 독재나 독단적인 행동을 추구하는 성향을 뜻한다."

예를 들어 극우주의자들은 국가가 순수한 자기 민족만 돌보기를 원해요. 다른 민족은 덜 지적이고, 덜 부지런하며, 범죄적인 성향을 지녔다고 믿기 때문이죠. 간단히 말해, 그들은 다른 민족 사람들이 국가로부터 보호받을 자격이나 권리가 없다고 생각하는 거예요.

극좌주의자들은 공장, 원자재, 기계 등 모든 생산수단을 국민 모두가 소유하는 국가를 원합니다. 극히 소수에 불과한 일부 계층이 생산수단을 독점하면, 너무 많은 사람이 그들에게 착취당한다고 믿기 때문이죠.

종교적인 극단주의자들, 특히나 이슬람주의자들은 모든 사람이 자신들의 종교 규칙을 따르는 사회를 실현하고 싶어 합니다. 그들은 스스로를 신이 내린 율법의 수호자라 여기며, 만일 율법 수호자로서의 임무를 게을리하면 신에게 벌을 받을 거라고 굳게 믿기 때문이죠.

일부 극단주의자들의 견해는 서로를 보완하고 강화시켜요. 어떤 이슬람주의자들은 외국인에 대해 적대적입니다. 또 어떤 극좌주의자는 이민자 문제에 침묵합니다. 이런 태도들은 극우주의자의 신념이나 생각을 한층 강화시키죠.

극단주의와 급진주의의 차이

극단주의라는 뜻으로 종종 '급진주의Radicalism'라는 용어도 쓰여요. '극단주의'와 '급진주의'의 차이를 어떻게 규정할까 하는 문제를 놓고 연구자들 사이에서 논란이 벌어지지요. 어쨌거나 극단주의자로 규정되는 사람들은 스스로를 그렇게 부르지는 않습니다. 차라리 급진주의자로 불리기를 원하죠. 극좌주의자나 종교 극단주의자들이 특히 그래요.

급진주의자들은 사회를 그 뿌리에서부터, 다시 말해 아주 근본적으로 변화시키려 합니다. 예를 들어, 외딴 농장에서 살면서 음식과 옷을 모두 자급자족하고 아이들을 학교에 보내지 않는 사람들이 형성한 공동체는 '급진적'이라고 할 수 있어요. 인간과 동물의 평등을 주장하며 고기를 구웠던 프라이팬조차 사용하기를 거부하는 채식주의자들 또한 급진주의자로 분류되지요. 이런 예시에서 알 수 있듯 급진주의자들은 민주 법치국가를 무너뜨리려 하는 게 아니에요. 자신들이 근본적으로 다르게 살아갈 수 있는 틈새 사회를 찾아 나설 뿐이지요. 일부 급진주의자는 폭력을 쓰기도 하지만, 전부 그런 건 아니고요. 급진주의자들 대부분은 자신들과 다른 삶의 방식 그리고 민주 법치국가의 사회 질서를 인정하고 받아들이죠.

이를 마네비츠는 다음과 같이 설명했어요.

"급진주의는 민주주의와 아무 문제없이 어울릴 수 있습니다. 그와 달리 극단주의는 민주주의를 싸워서 몰아내려 합니다. 극단주의는 어느 정도 급진적이면서, 동시에 자유와 평등과 인권을 위협하기도 합니다. 급진주의자라고 해서 모두가 극단주의적인 것은 아닙니다. 하지만 극단주의자는 모두 급진적입니다."

'극단주의적'이라는 말과 '극단적'이라는 용어는 종종 동의어로 사용됩니다. 하지만 둘 사이에는 차이점이 있어요. '극단적'인 행동이란 사회에서 대부분의 사람이 하지 않는, 일반적이라고 여겨지지 않는 것입니다. 예를 들어, 제약 회사의 백신을 믿을 수 없다며 자신의 아이에게 예방주사를 놓지 못하게 하는 부모들은 극단적이라 할 수 있지요. 그런데 이런 생각들은 절대 '극단주의적'인 것이 아닙니다. 백신 반대론자나 다른 극단적인 견해를 가진 사람들 대부분은 결코 민주 법치국가의 폐기를 요구하지 않기 때문이에요.

무엇이 정상이고 무엇이 정상이 아닌지에 대한 판단 기준은 역사의 흐름에 따라 늘 변했습니다. 두 남성이 큰길가에서 키스를 하거나, 한 아이에게 두 명의 아버지나 어머니가 있다는 사실은 오랫동안 정상으로 여겨지지 않았어요. 하지만 이제는 누구도 그런 상황을 의아해하지 않지요. 여성에게도 투표권이 주어져야 한다거나 어린이에게 폭력을 휘둘러서는 안 된다는 주장 또한 아주 오랫동안 극단적인 생각으로 여겨졌습니다.

극단주의자들의 공통점

극단주의자들은 모두 민주 법치국가를 부정하고, 기존과는 완전히 다른 가치를 토대로 하는 사회를 추구합니다. 현행법에 따르기를 거부하며, 정부의 권력에 완강히 맞서려 해요. 또한 자신과 다른 사람을 통제하며 지금 사회를 자신들이 생각하는 더 나은 길로 이끌어 가려 하죠. 모든 극단주의자들은 자신들의 이념(이데올로기)이 유일하고 올바른 길이라고 생각합니다. 따라서 자신들의 세계관을 다른 사람들에게 설득시키려 하거나, 심지어는 강요하기까지 해요.

그밖에도 극단주의자들은 대체로 동질적인 사회, 다시 말해 모든 인간이 같은 생각을 갖고 같은 목표를 추구하는 사회가 가능하다고 확신합니다.

극단주의 조직은 아주 강력한 소속감을 줘요. 이 조직에 속하고 싶은 사람은 무조건 순응해야 하며, 그렇게만 하면 지원과 보호를 받을 수 있거든요. 극단주의 조직의 가입은 대부분 비슷한 과정을 거칩니다. 바비큐 파티나 콘서트, 토론회 등의 행사를 통해 극단주의자들은 강력한 소속감을 이끌어 내요. 이는 특히 젊은 사람들의 마음을 사로잡죠. 누군가 자발적으로 꾸준히 극단주의 조직의 모임에 참석했다고 하면, 그에게 그 모임은 점점 더 중요해질 거예요. 모임의 새로운 친구들과 더 많은 시간을 보내고, 자신과 다르게 생각하는 사람들과는 점점 더 멀어지며, 점점 극단주의적인 사고에 물들어 가고 있다는 사실조차 의식하지 못하게 되지요.

극단주의자들은 세계를 자신들이 속한 '선'과 다른 사람들이 속한 '악'으로 나눕니다. 자신이 속한 극단주의 조직의 인간상에 맞는 사람은 착한 사람이고, 그렇지 못한 사람은 모두 나쁜 사람이라고 하죠. 예를 들어 누군가에게는 어떤 사회에서 주류를 차지하는 인종이 착한 사람이고, 다른 누군가에게는 신앙심이 깊은 이슬람교도가 착한 사람이에요. 그와 달리 다른 나라에서 온 이민자나 진보적인 이슬람교도, 또는 자신들의 조직에서

도대체 극단주의가 뭐야?

극단주의자들의 편 가르기!
자기 세계는 '선', 다른 세계는 '악'!

탈퇴한 사람은 모두 나쁜 사람이지요. 그리고 이들 나쁜 사람은 각 조직의 관점에서 모두 싸워 물리쳐야 할 대상이에요.

극단주의자는 종종 비타협적이거나 심지어 공격적인 태도까지 드러내는데, 이런 모습이 일반 대중에게 비치는 극단주의자의 이미지가 되었습니다.

극단주의자들이 하는 일은?

극단주의자라는 말을 듣는 순간, 여러분은 잔뜩 인상을 찌푸린 채 두 주먹을 말아 쥐고 고래고래 구호를 외치며 당장이라도 달려들 것 같은 남자의 모습을 떠올릴지도 모르겠어요. 아니면 지하실 불빛 아래서 시한폭탄의 도화선을 납땜하고 있는 남자를 떠올릴 수도 있겠죠. 그런데 극단주의자라고 해서 늘 폭력으로 목표를 달성하려 하는 것은 아니에요. 극단주의자가 모두 남자인 것도 물론 아니고요.

일반적으로는 일부 극단주의자들만 폭력성이 있습니다. 폭력적인 극단주의자들은 폭력을 목표 달성을 위한 정당한 수단으로 여겨요. 시위를 하며 경찰에게 돌과 화염병을 던지고, 사람을 납치해 몸값을 요구하거나 정치적인 요구를 관철시키려 하죠. 또는 자신들의 세계관에 맞지 않는 사람들을 공격하기도 해요. 폭력적인 극단주의자들이 늘 사람만을 공격하는 것은 아닙니다. 극좌주의자들은 명품 매장이나 은행의 유리창에 돌을 던지고 자동차에 불을 지르는 시위로 유명해요. 정부의 업무 집행을 방해하는 행위도 폭력이지요. 예를 들어 극우 시위대가 임시 수용소에 난민을 태우고 가는 버스를 가로막는 것처럼요.

극단주의자들이 현재의 정치사회 질서를 변화시키기 위해 장기간에 걸쳐 계획적이고 조직적인 폭력을 행사하는 것은 '테러 terror' 또는 '테러리즘Terrorism'이라고 부릅니다. 대표적인 테러 사건으로는 다음과 같은 것들이 있어요.

독일의 극우단체인 '국가사회주의지하조직'의 조직원 세 명은 2000년부터 2007년에 걸쳐 터키와 그리스에서 온 아홉 명의 이민자와 경찰관 한 명을 살해하는 테러에 가담했습니다. 2004년 6월에는 자신들이 직접 만든 폭탄을 사람들이 붐비는 큰길에서 터뜨렸어요. 폭탄이 터지자 그 안에 들어 있던 800개

2004년 6월 9일, 한 경찰관이 폭탄이 터진 이발소 사진을 찍고 있다. 독일 쾰른에서 국가사회주의지하조직원에 의해 발생한 테러 현장이다. ⓒ연합뉴스

의 못이 굉음을 내며 총알처럼 허공을 갈랐지요. 이들은 가능한 한 많은 사람을 다치게 해, 이민자들에게 공포와 불안감을 심어 주려 했어요.

1970년대와 1990년대에 걸쳐 독일의 극좌파 무장단체인 '적군파'는 정치인을 납치하고 은행을 습격했으며, 테러를 저질러 총 34명의 목숨을 해쳤어요. 1977년 9월 5일, 적군파의 조직원 네 명은 독일경영자협회의 회장이었던 H. M. 슐라이어를 납치

한 후, 감옥에 갇혀 있던 적군파 조직원 11명을 풀어 달라고 요구했습니다. 한 달쯤 후, 4명의 팔레스타인 적군파 동맹은 휴가철 여행객 86명이 탄 여객기를 납치하고, 11명의 적군파 수감자를 석방하라고 요구했고요. 이 여객기 납치극은 특수부대의 투입으로 끝이 났고, 수감되어 있던 11명 중 4명의 적군파 지도부는 감옥에서 자살했어요. 그리고 다음 날, H. M. 슐라이어는 초록색 아우디 자동차의 트렁크에서 총살당한 채 발견되었습니다. 이로써 급진 좌파의 테러가 극에 달했던 이른바 '독일의 가

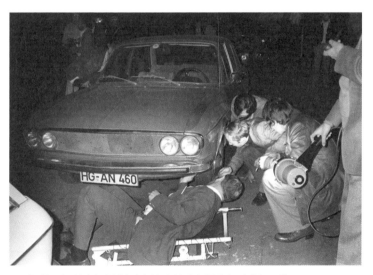

1977년 10월 19일, 적군파에 납치된 슐라이어의 시신이 발견된 차량의 모습이다. ⓒ연합뉴스

을'이 끝났지요.

트럭이 사람들 무리로 달려들고, 폭탄이 지하철에서 터졌습니다. 기관총을 든 남자들이 콘서트홀로 돌진해 관객들에게 총을 쏘아 댔고요. 이는 언뜻 어떤 개인의 끔찍한 범죄행위로 보이지만, 이슬람주의 테러리스트들의 공격이었어요. 이슬람 경전 해석을 따르지 않는 '이교도'들에게 두려움과 공포를 심어 주는 게 그들의 목표였지요.

사실 많은 극단주의 단체는 폭력을 쓰지 않고 합법적인 수단을 통해 사회를 변화시키려 합니다. 그러기 위해 아주 다양한 방법을 시도하지요.

청소년 대상 문화 활동 파티를 열고, 극단주의적 내용이 담긴 노래를 퍼뜨리며, 남다른 패션 스타일과 특별한 표현 및 상징들로 청소년들 사이에서 하위문화를 만들어요. 이런 방법들은 소속감을 키우는 동시에 청소년들을 사회와 떨어뜨려 놓습니다.

정치 참여 극단주의 정당은 선거에 참여하고 선거운동도 벌여요. 그런데 선거 포스터와 현수막, 홍보 전단과 웹사이트에는 종종 그들의 진짜 정치적 목표가 드러나지 않습니다. 예를 들어 이민자 출신인 사람들은 정부로부터 더 이상 어떠한 지원도 받아서는 안 된다고 주장하는 대신, 노인과 어린이들이 지금보다 더 많이 지원받아야 한다고 말하죠.

영향력 넓히기 극단주의자들의 전략 중 하나는 영향력이 큰 자리를 차지해서 가능한 한 많은 사람들을 포섭하는 거예요. 극우주의자들은 스포츠클럽, 초등학교나 유치원의 학부모회 같은 비정치 영역에서 영향력을 얻는 데 어느 정도 성공했어요.

자신들 견해의 확산 길거리의 홍보 부스나 정치 행사를 통해, 그리고 친구나 동료들 사이에서, 또는 인터넷에서, 극단주의자들은 새로운 지지자와 추종자들을 찾습니다. 그 과정에서 자신들이 극단주의적 견해를 갖고 있다는 사실을 곧바로 분명하게 드러내지는 않아요. 예를 들어 이슬람주의자들은 천국에 대한 약속, 아주 강력한 공동체를 미끼로 삼아 다른 사람들을 이슬람교도로 개종하도록 설득해요. 다른 종교에 대해 편협하고 배타적인 입장을 가지고 있는 것, 또는 여성의 자유를 제한하는 것에 대해서는 일단은 한마디도 언급하지 않고 넘어가죠.

사회단체 활동 극단주의자들은 관심사를 빌미로 다른 사람들과 접촉하기도 합니다. 특히 자신들과 쉽사리 견해를 함께할 것 같지 않은 사람들과 관계를 맺는 방법이죠. 예를 들어 극우주의자들은 환경보호, 동물 권리, (이민자를 제외한) 어린이 보호 등을 적극 지지하고 나서요. 극좌주의자들 또한 환경보호에 적극적인 관심을 드러내지요. 이슬람주의자들은 전쟁에 반대하는 평화운동에 참여해요. 특히 이슬람 국가들에 대한 침략 전쟁에 대해서요. 그렇게 하다가 기회가 되면 극단주의자들은 단체에 가입한 사람들에게 자신들의 극단주의 견해를 설득시키려고 할 거예요.

선전 및 선동(프로파간다) 극단주의자들은 자신들이 발행하는 잡지와 도서, 토론회, 웹사이트, 인터넷 동영상, SNS의 댓글과 포스트 등을 통해 자신들의 이념을 전파합니다. 거짓 정보를 의

극단주의 단체의 선전 방법들

진짜 정치 목표를 감추고
선거운동 하기

평범한 사회운동으로
위장하기

잡지나 도서를 펴내
이념 전파하기

도적으로 퍼뜨리는 것 또한 선전의 주요 수단이에요. 극우주의자들은 특히나 과거를 고쳐 쓰려고 끊임없이 시도해요. 독일의 극우주의자들은 제2차세계대전 때의 유대인 집단학살을 부정하거나, 나치 시절이 훨씬 더 살기 좋았다고 주장합니다. 독일 극좌주의자들은 사회주의 체제였던 과거 동독 시절이 더 살기 좋았다고 주장하죠.

극단주의 집단이 특히나 위험할 때는, 극단주의적인 이념을 퍼뜨린다는 사실을 우리가 바로 알아차리지 못할 때죠. 주로 SNS에서 자주 일어나는 일이에요. 페이스북, 트위터, 인스타그램에서 극단주의 집단이 평범한 주제들에 대해 관심을 표현한다면, 그들이 극단주의적 성향을 띠고 있는지를 곧바로 알아채기란 결코 쉽지 않아요. 그렇게 해서 극단주의자들은 알게 모르게 자신들의 이념을 많은 사람에게 전달할 수 있는 거예요.

오프라인에서도 상황은 마찬가지입니다. 2011년부터 2016년 사이에 독일, 오스트리아, 스위스에서 벌어진 '읽어 보세요!' 캠페인이 그 예예요. 이 캠페인에서 이슬람주의자들은 이슬람교의 경전인 『코란』 350만 부를 젊은이들에게 배포했어요. 젊은이들을 극단주의적인 이슬람주의에 빠지도록 하려던 거죠. 하지만 2016년, 이 캠페인의 배후에 숨어 있던 이슬람주의 단체 '참종교'는 독일에서 활동이 금지되었습니다.

극단주의자는 아니지만, 극단주의적인 성향을 긍정적으로 받아들이는 사람들 또한 위험합니다. 그런 사람들은 대부분 다른 사람에게 쉽게 영향을 받기 때문에 언젠가는 극단적인 성향으로 변할 수 있어요. 그밖에도 이들은 극단주의자들의 행동에 강력하게 항의하거나 반발하지 않아서, 극단주의자들의 태도를 더욱 강화시키기도 해요.

극단주의는 어떻게 생겨날까?

사회학자, 정치학자, 정치인, 범죄학자, 사회사업가, 교사, 그리고 극단주의자의 부모와 친구 등 수많은 사람이 왜 누군가는 극단주의적인 생각을 갖는지, 그리고 심지어 폭력을 쓰기까지 하는지 등의 문제를 놓고 씨름하고 있습니다. 연구자들은 이런 질문에 다음과 같은 다양한 답변을 내놓았어요.

사회 변화 우리들의 증조할아버지와 증조할머니, 어쩌면 할아버지와 할머니도 한곳에서 태어나 자라고 결혼하고 아이를 낳고 죽음을 맞이했습니다. 그렇지 않더라도 대부분 한 나라를 벗어나 산 적이 거의 없어요. 하지만 오늘날 우리는 태어난 곳에서 계속 머물러 살지 않지요. 태어난 곳이 아닌 다른 곳에서 학교에 다니고, 또 다른 도시에서 대학을 다니거나 직업 교육을 받고, 해외로 나가 살기도 하죠. 결혼과 출산을 필수로 여기지 않으며, 몇 년마다 직업을 바꾸고 사는 곳을 옮기고 파트너를 바꿔요. 이런 변화를 맞이할 때마다 사회적으로 몰락할지 모른다는, 다시 말해 직장을 잃고 더욱 가난해질지도 모른다는 걱정이 함께 찾아오곤 하지요.

세상은 이처럼 점점 더 복잡해지고 있습니다. 왜 그럴까요? 한편으로는 우리가 이전 세대보다 훨씬 더 많은 자유와 기회를 가졌기 때문이며, 다른 한편으로는 노동환경이 우리에게 점점 더 많은 것들을 요구하기 때문이에요. 대학을 졸업해야 하고, 외국에서의 경험이 있어야 하며, 가능한 한 젊어야 하고, 동시에 경력도 많아야 한다고 하죠. 또한 온라인에서건 오프라인에서건 늘 대기 상태로 있어야 하고, 저녁과 주말에도 끊임없이 무언가를 해야만 해요. 우리는 단지 돈과 안정을 추구할 뿐만 아니라 행복하기도 바라야 하며, 자신과 나아가 세계 전체를 더 낫게 만들어야 합니다. 정말 스트레스 받지요.

상황이 이렇기 때문에 조금 덜 복잡한 세상에서 조금 덜 복잡한 삶을 살고 싶어 하는 사람들도 있어요. 극단주의자들의 이념은 언뜻 보기에 삶을 조금은 덜 복잡하게 만들어 주는 것처럼 보입니다. 극단주의자들은 복잡한 문제에 아주 단순한 해답을 내놓고, 세상의 커다란 문제들에 아주 간단한 해결책을 내놓으니까요. 극우주의자들은 이민자와 외국인이 힘든 상황의 원인 제공자라고 해요. 그들이 일자리를 빼앗아 가고, 너무 많은 사회복지 지원금을 받아 간다고요. 극좌주의자들은 정치계와 경제계의 소수 엘리트가 바로 사회악이라고 하죠. 이들이 다른 모든 사람을 착취한다면서요. 종교 극단주의자들은 다른 종교를 믿거나 아무 종교도 믿지 않는 사람들이 문제라고 합니다. 그들이 이기적이고 신의 뜻에 따라 살지 않아서 이 세상의 많은 문제를 불러일으킨다고요. 극단주의자들의 입장에서 해결책은 간단합니다. 문제의 원인이 되는 사람들을 없애서 문제를 바로잡는 거예요. 이것이 바로 극단주의자들의 주장이죠.

정치적 불만족 이력서를 수없이 보냈는데도 아무런 답을 받지 못한 사람, 열심히 일하지만 돈을 얼마 못 버는 사람들은 당연히 불만을 가질 수밖에 없어요. 그렇다면 구직자에게는 희망 직업을 바꿔 보라고, 너무 낮은 임금을 받는 사람에게는 더 높은 임금을 받는 일을 찾아보라고 말해 줄 수 있지요. 그런데 어떤 사람들은 문제의 해결책을 자기 자신이 아니라 다른 데서, 예를 들어 정치에서 찾으려 합니다. 이들은 앞서 말한 문제들을 다음과 같이 아주 단순하게 이해하겠죠. '이력서를 모두 거절당한 건 외국인 노동자들이 그 자리를 차지해서야.' '임금이 적은 건 사장이 직원들을 착취하기 때문이야.'라고요. 자신의 바람이 충분히 채워지지 않았을 때, 이처럼 다른 이들에게 책임을 돌리는 사람은 극단주의적인 이념에서 위안을 얻을 수 있습니다.

그런데 정치에 대한 정당한 비판 또한 극단주의적 태도를 부추길 수 있어요. 시골에는 학교와 병원과 철도노선이 점점 줄어들고 있어요. 아동 빈곤과 노인 빈곤 문제에는 단지 예산이 부족하다는 이유로 적절한 대처가 이루어지지 않고 있고요. 그러면서도 정부는 난민을 지원하거나 망해 가는 은행을 살리는 데 엄청난 돈을 쏟아붓지요. 그에 대한 불만은 선거에서 고스란히 드러납니다. 지금 정부의 정책에 실망한 유권자들은 정치적으로 극우나 극좌 쪽에 속하는 정당에 투표하기도 해요.

개인적인 원인 누군가가 극단주의적인 세계관에 끌리는 건 그 사람의 성격이나 개인적인 경험과도 관련이 있습니다. 학교나 직장에서 원하는 결과를 얻지 못한다면? 가족이나 친구들한테 사랑받지 못한다면? 가족이나 친구를 전혀 이해할 수 없다면? 어려서 학대나 왕따 같은 끔찍한 경험을 겪었을 때 아무런 도움을 받지 못했다면? 이런 사람들은 따뜻한 친구와 사랑하는 가족, 안정적인 직업을 갖고 편안한 삶을 사는 사람들보다 극단주의 집단을 찾을 가능성이 커요.

극단주의자, 특히나 극우주의자와 이슬람주의자들 중에는 가족과의 관계가 원만하지 못했던 사람들이 있어요. 어려서 폭력을 당했거나, 학대받았거나, 그냥 방치됐던 사람들이에요. 이들은 스스로를 사회의 아웃사이더라고 느껴요. 그래서 자신을 부당하게 대했다고 생각되는 사회의 다수와 의도적으로 좀 더 거리를 두려고 극단주의 조직에 가입하는 거예요.

술과 마약을 접한 경험 또한 극단주의에 빠지는지 아닌지에 영향을 끼쳐요. 훗날 극우성향을 띠는 청소년들 중에는 일찌감치 술을 마시기 시작한 사람이 많아요. 그래서 이른 시기에 또래 아이들로부터 고립되고요. 이슬람주의 성향의 청소년들에게서는 그와 정반대되는 상황이 펼쳐집니다. 술을 전혀 마시지 못한다는 이유로 종종 또래 아이들로부터 아웃사이더로 내몰리죠.

자존감이 낮은 사람은 극단주의 조직에서 이전에 느끼지 못한 큰 힘을 경험합니다. 갑자기 사회가 두려워하는 대상이 됐으니까요. 언론과 정치판에서는 연일 자신들에 대한 이야기가 주된 화제로 오르내리고요. 이는 자신을 부당하게 대했던 사람들과 당당히 맞설 수 있는 힘을 가졌다는 느낌을 주고, 자신이 특별한 사람이라는 확신을 선사합니다.

젊은 여성들이 극우주의나 이슬람주의처럼 아주 보수적인 이념에 끌리는 경우도 있어요. 남녀의 역할이 분명히 구분되어 있는 이 이념에 동조하는 것만으로도 그동안 부담스러웠던 책임감이 덜어져 훨씬 홀가분해지기 때문이죠. 이런 곳에서라면 직업이나 배우자를 고르느라 신경 쓸 필요가 없어요. 그들의 직업은 가정주부이고, 중요한 결정은 배우자가 대신할 테니까요.

위와 같은 이유들은 누군가의 극단주의적인 생각과 행동에 영향을 끼쳐요. 그런데 극단주의적인 생각은 어떻게 머릿속에 자리 잡을까요? 연구자들은 이 문제에 많은 관심을 기울여 급진화의 전형적인 과정을 풀어냈습니다. 물론 사람마다 조금씩 다르지만, 본질적인 특성만큼은 대부분 비슷해요.

1단계 : 개인적인 위기와 맞물려 시작됩니다.

이런 상황은 사춘기와 청년기에 주로 펼쳐집니다. 부모님의 이혼이나 죽음, 학교에서의 왕따, 취업 실패, 사랑의 아픔, 학대나 가정폭력이 남긴 심리적 상처 등이 외적인 원인이 될 수 있어요. 또는 외모에 대한 불만, 자신이 누구인지 어떤 일을 하고 싶은지에 대한 불확실성, 소심한 성격, 우울증 등의 내적인 원인 때문일 수도 있지요. 이런 위기에서 친구나 인터넷 등을 통해 직접 극단주의 조직과 접촉하게 되는 사람은 그들의 이념에 설득당하기가 쉽습니다. 그렇기 때문에 감옥은 유달리 많은 사람이 극단화되는 장소예요. 예를 들어 이슬람주의자들의 3분의 1은 감옥에 갇혀 있을 때 극단주의자가 된 것으로 밝혀졌죠.

극단주의의 엄격한 세계관이나 그들 조직의 동지들은 위기에 처한 사람에게 위로를 주고, 나아갈 길을 안내해 줍니다. 그래서 위기에 처한 사람은 복잡하고 앞이 보이지 않는 세상에서 해방감을 느낄 수 있지요. 극단주의 이념은 무엇이 옳고 무엇이 그른지, 누가 선하고 누가 악한지, 무엇을 해야 하고 무엇을 하지 말아야 하는지 아주 명확하게 규정하기 때문이에요. 예를 들어 극우주의자들은 같은 인종인 남자와 여자끼리만 결혼을 할 수 있다고 확신해요. 극좌주의자들은 국가와 경찰을 자유를 사랑하는 모든 사람의 적으로 여기지요. 이슬람주의자들은 자신의 가족이라도 이교도라면 맞서 싸워야 한다고 굳게 믿습니다.

많은 종교 극단주의자들은 심지어 아침에 눈을 떠서 밤에 잠들 때까지의 일정이 완전히 정해져 있기도 해요.

어떤 사람에게는 극단화가 자기 부모에 대한 반항의 표현이기도 합니다. 엄격한 기독교 집안에서 자란 청소년이 갑자기 이슬람교도가 되고, 아주 보수적인 환경에서 자란 청소년이 좌파 이념에 눈을 돌리고,

정치색이 없는 가정에서 자란 청소년이 갑자기 모든 외국인을 국외로 추방하라고 요구하는 것처럼요.

2단계 : 주변과의 관계를 끊습니다.

집에 거의 들어가지 않아요. 부모님과 만나 봐야 그저 말다툼만 벌어질 뿐이니까요. 학교에도 더 이상 나가지 않지요. 가 봐야 괴롭힘만 당할 테니까요. 새로 만난 조직에 있는 게 훨씬 마음이 편합니다. 그곳에 있으면 더 이상 혼자가 아닌 것 같아요. 게다가 종종 자존감을 세워 주는 임무를 맡기도 하죠.

극단주의 조직에 속하려는 사람은 조직에 적응하면서 옷차림과 말투와 음악 취향을 따라 하며, 마침내는 이념까지도 따릅니다. 조직의 적과 조직의 목표를 자신의 적과 자신의 목표로 삼지요. 이들은 예전에 가까웠던 사람들에게 자신의 새로운 세계관을 설득시키려고 해요. 하지만 친구나 가족은 그처럼 갑작스럽게 변한 태도를 대부분 거북해하거나 걱정하죠. 이는 그들에게는 극단주의적인 태도를 더 단단하게 하는 계기가 됩니다. 가족과 옛 친구들에게서 더 멀어지게 되기도 하고요.

최악의 경우, 스스로 생각하고 판단하는 것을 완전히 멈추고, 맹목적으로 조직이 하는 말에만 복종합니다. 이런 상황이 지속되면, 본인의 행동을 본인이 설명하지 못하는 지경에 이르러요. 예를 들면 시리아로 여행을 간다고 해서 따라나섰다가 영문도 모르고 갑자기 전쟁에 끼어들게 되었던 이슬람주의자들처럼요. 그들은 그저 복종했을 뿐, 왜 여행을 가느냐고 묻지조차 못했죠.

3단계 : 나라의 법이나 사회규범을 철저히 무시하게 됩니다.

극단주의자들은 사회가 급격히 변화해야만 한다고 생각합니다. 그래서 조직의 다양한 활동에 참여하면서 의도적

으로 법을 어기는 행동을 해요. 그러다가 체포되기라도 하면, 자신의 생각이 옳았다며 사회에 대한 증오심을 한층 더 불태우죠. 이중 어떤 사람은 감옥에서 생각이 비슷한 동지를 만나 더더욱 극단화돼요. 반대로 석방된 후

극단주의 조직에서 탈퇴하는 경우도 있고요.

이슬람주의자들의 경우에는 극단화 과정이 전쟁 지역으로의 여행으로 끝이 날 수도 있습니다. 신앙 때문에 차별받고 있으며, 지금 사는 나라에서는 더 이상 미래가 보이지 않는다고 느끼는 이슬람주의자들은 종종 단호한 결정을 내리기도 해요. 자신의 목표가 이미 달성된 것처럼 보이는 나라로 떠나는 거예요. 그런 생각이 잘못되었다는 사실을 그들은 대부분 너무 늦게서야 깨닫지요. (144쪽 참조)

인터넷에서의 극단화

SNS가 생기기 전만 해도 극단주의 조직과의 첫 접촉은 대부분 아주 가까운 친구를 통해서 이루어졌습니다. 하지만 오늘날에는 많은 사람이 인터넷을 통해 극단화되어 가요. 인터넷 세계는 자유롭죠. 누구나 원하는 것을 써서 올릴 수 있습니다. 그래서 인터넷에서는 수많은 긍정적인 글뿐 아니라, 소수자 혐오나 범죄행위를 부추기는 말, 전쟁과 폭력 관련 동영상도 찾아볼 수 있어요. 이런 콘텐츠는 페이스북이나 유튜브 같은 소셜미디어에서 대부분 삭제되지만, 삭제되기 전에 수많은 사람이 클릭했으니 이미 널리 퍼졌죠.

인터넷에서는 이름과 신분을 숨기고 다른 사람들과 대화를 나눌 수 있습니다. 이는 위험을 불러올 수도 있어요. 상대편 뒤에 누가 실제로 숨어 있는지 알 수 없기 때문이죠. 극단주의자들은 바로 이런 인터넷의 익명성을 활용합니다. SNS와 온라인 커뮤니티에서 자신들의 이념에 관심을 가질 만한 사람들에게 말을 걸어요. 이 사람들이 자신의 문제나 걱정에 관해 이야기를 꺼내면, 극단주의자들은 우선 위로와 조언을 건네죠. 그러다 마침내는 극단주의 조직으로 안내하게 돼요. 시리아나 이라크로 가서 전쟁에 참가한 이슬람주의자들 가운데 절반가량이 바로 이처럼 인터넷을 통해 극단화되었습니다.

극단적인 이슬람주의 단체, 특히 IS(이슬람국가)는 젊은이들을 꾀어 자기편으로 만들기 위해 특별한 전략을 발전시켰어요. 남성들은 무기와 장갑차와 전투복 차림의 남자들이 등장하는 뮤직비디오를 통해, 또는 인기 게임 '콜 오브 듀티Call of Duty'를 모방한 '콜 오브 지하드Call of Jihad' 같은 변형 게임을 통해 IS에 포섭당해요. 그 과정에서 포섭 대상이 된 누군가는 끈질긴 구애를 받지요. IS 전사들의 맹렬한 투쟁, 끈끈한 동지애, 아름답고 순종적

SNS에서 이름을 숨기고 다가오는
극단주의자들이 있어!

인 아내 이야기에 푹 빠져 결국 그들 단체에 합류하고 맙니다.

여성들은 '이슬람 아내의 삶'이나 '이슬람 어린이 교육'과 같은 강연이나 설교를 통해 극단적인 이슬람주의자들을 접해요. 인터넷에서 가끔 젊은 여성들에게 남성 이슬람주의자들이 말을 걸어오는 경우가 있어요. 이 남자들은 자신이나 동료와 결혼할 여성을 찾기 위해, 여성들에게 미래의 남편을 찾아 떠나라고 권하죠.

극단주의에 영향을 받는 건, 그저 극단주의자와 그의 주변 사람들 정도인 것만 같습니다. 하지만 점점 더 많은 사람이, 특히나 젊은이들이 극단화된다면, 결국은 사회 전체가 고통받게 될 거예요. 왜 그럴까요? 극단주의가 왜 그토록 안 좋은 걸까요?

극단주의가 위험한 이유

표현의 자유는 민주 법치국가에서 우리의 기본권입니다. 즉, 누구나 자신이 원하는 것을 생각하고 믿고 말할 수 있어요. 그렇다면 이슬람교도가 『코란』의 계율을 엄격하게 지키는 게 왜 문제일까요? 이슬람교도는 왜 신앙심이 부족하다고 우리를 비판해서는 안 될까요? 또 자기 나라가 제일이라는 자부심, 소비 중독 사회에 대한 불평불만……. 이게 왜 문제라는 걸까요?

민주 법치국가에서는 누구나 비판할 권리가 있습니다. 집회의 자유, 사상의 자유, 언론의 자유, 또는 법원의 판결에 이의를 제기할 권리 같은 기본권은 국가의 불의나 부당함에 맞서 저항할 수 있게 해 주는 요소들이에요. 이는 권리일뿐 아니라, 도덕적인 의무이기도 하지요. 인간이 피부색이나 성적인 성향, 종교나 성별 때문에 차별받는다면, 당사자가 아니더라도 항의해야 마땅합니다. 정부가 정치적 경쟁자를 갑자기 체포한다면, 체포된 정치인의 입장에 동의하지 않더라도 그에 맞서 시위를 해야 할 거예요. 항의는 민주주의사회에서 필수적인 요소죠.

그러므로 우리는 극단주의자들에게도 표현할 수 있는 권리를 인정해 주어야 합니다. 극단주의자는 외국인이 더 이상 사회복지 지원금이나 아동 수당을 받아서는 안 된다고 요구할 수 있고, 여성들이 직장에 나가는 대신 집안일을 하며 가족을 돌봐야 한다고 주장할 수 있어요. 민주주의나 인권에 대해서도 문제를 제기할 수 있고요. 다른 사람에게 폭력을 쓰거나, 범죄행위를 선동하거나, 다른 사람들을 차별하는 등 직접적으로 해를 끼치지 않는 한, 극단주의 신념이나 성향을 가지는 것이 불법은 아니니까요. 극단주의적 입장을 법으로 금지시킬 수도 없고요.

극단주의 조직이 비교적 소규모로 유지되는 한, 국가 전체에 그리 위험한 존재는 아닐 거예요. 하지만 극단주의 조직의 궁극적인 목표가 국가에게 위험한 존재가 되는 것이기에, 그들은 더 많은 지지자를 모집하고 자신들의 이념을 전파하려 하죠. 결국 시민 과반수 이상이 민주주의의 가치를 인정하지 않고 선거에서 극단주의 정당을 선택한다면, 이는 민주주의의 종말을 의미할 것입니다. 너무 많은 사람이 극단주의적 입장을 지지하고 주장한다면, 민주주의는 위태로워지는 거죠. 바로 이 점이 극단주의가 위험한 이유예요. 아울러 누구에게나, 심지어는 극단주의자에게도 적용되는 기본권 또한 위험에 처하고 말아요.

민주 법치국가를 부정하는 게 어떻게 사회 전체를 위험에 빠뜨리는지는 그리 오래되지 않은 극단주의의 역사만 잠시 살펴보아도 분명하게 드러납니다.

2장

현대 극단주의의 역사

민주주의와 함께 찾아온 극단주의

모든 시민이 정치적 의사결정에 참여할 수 있는 국가형태에 대한 반발은 늘 있었어요. 현대 민주주의는 고대 그리스와 로마 제국에서 기원해요. 그때 아리스토텔레스와 플라톤 같은 철학자들과 지식인들이 가장 공정한 지배체제에 관해 토론했고, 민주주의는 그 논의 대상 중 하나였죠. 모든 시민이 의사결정에 참여하는 것이 정말 최선일지에 대해서는 의견의 일치를 보지 못했어요. 당시에는 모든 시민의 범주에 여성이나 노예는 들어가지 않았고요. 민주주의를 비판하는 사람들은 독재정치, 그러니까 한 개인이나 소수집단의 지배가 전쟁 상황처럼 빠른 결정을 내려야 할 때 더욱 실용적이라고 강조했어요. 당시는 격변하는 사회적 상황 속에서 지배 형태가 끊임없이 변화하던, 정치적인 실험이 진행되던 시기였습니다.

오늘날 우리가 알고 있는 극단주의는(17쪽 참조) 18세기 이후부터 존재했습니다. 서구에서 현대 민주주의가 생겨난 시기죠. 1689년, 영국의 윌리엄 3세는 '권리장전'에 서명했어요. 권리장

전은 아무리 국왕이라도 의회의 동의 없이는 정치적 결정을 내릴 수 없다는 법률이에요. 이로써 의회의 권리와 시민권이 처음으로 확립되었어요. 그리고 정확히 100년 후, 프랑스 대혁명을 통해 파리에서는 세계 최초로 '인권선언'이 발표되었습니다. 미국에서는 유럽에서 건너온 이주자들이 1776년 독립을 선언했고, 이후 몇 년에 걸쳐 미국 각 주의 헌법이 만들어졌어요. 당시 유럽과 미국의 정치가와 혁명가들은 비록 제 기능을 발휘하는 민주주의를 확립하지는 못했지만, 적어도 보편타당한 인권을 갖춘 민주 법치국가로 가는 길을 활짝 열었지요.

서양 강대국에 대한 반기

19세기에는 아랍 국가들에서 최초의 반서구적 경향들이 생겨났습니다. 이들은 유럽의 식민지 정책에, 특히나 아랍 대부분을 점령한 프랑스와 영국에 반기를 들었어요. 프랑스와 영국인들은 식민지 통치권을 확고히 다지려고 아랍 국가에 자신들의 법과 사회체제를 도입했지요. 그러면서 이슬람법은 무효라고 주장했고요. 수많은 이슬람교도들은 이에 굴욕감을 느꼈습니다. 이슬람의 학자들은 식민지 지배 세력의 정치사회 체제 및 가치와 타협할 수 없다고 선언했어요. 또한 이슬람 국가가 서구에 비해 경제적, 기술적으로 뒤처진 원인을 이슬람교도들이 더 이상 '참된 이슬람'을 믿고 따르지 않아서라고 했죠. 즉, 이슬람교도들이 자신들의 참된 신앙을 버리고 서구적인 것을 받아들이려 했기에 서구 열강이 이슬람 국가들을 굴복시킬 수 있었다는 거예요. 이런 논란 속에서 19세기 후반에 처음으로 이슬람주의 집단이 생겨났습니다. 이집트에서는 살라프파 집단이 조직되었는데, 이들은 순수 이슬람 세계를 세우고자 했어요. 이슬람교 창시자인 무함마드의 시대처럼 살아야 한다고 주장하죠.

20세기 중반, 세상은 처음으로 유대인들의 극단주의에 주목하게 됩니다. 유대인들은 오늘날 이스라엘 지역에서 영국인 권력자들과 아랍인 거주자들에 맞서 투쟁을 벌였어요. 이들의 목표는 1922년 이후로 이 지역을 통치하던 영국인들을 몰아내고 유대인 국가를 건설하는 것이었지요. 그 목표를 달성하기 위해 유대인들은 테러를 저질렀고, 수많은 시민을 죽음으로 몰아넣었습니다. 동시에 그 지역에 살고 있던 아랍인, 팔레스타인 극단주의자들 또한 유대인에 맞서 테러를 저지르며, 전 세계적으로 저항을 했지요. 결국 유대인들이 1949년 그 지역에 이스라엘이라는 나라를 건국했지만, 이후에도 테러는 멈추지 않았고, 자살테러범들까지 활동하게 되었습니다.

자살테러범들은 자신의 목숨을 바쳐서라도 가능한 한 많은 사람을 희생시킴으로써 목적을 이루고자 하는 극단주의자들입니다. 현대사에 처음으로 기록된 극단주의자들의 자살테러는

1936년 이스라엘의 예루살렘. 아랍인들이 유대인들을 공격하자, 당시 이곳을 통치했던 영국군들이 상황을 통제하고 있다. 출처: 위키피디아

도대체 극단주의가 뭐야?

1972년 5월 30일, 세 명의 일본인이 이스라엘 공항에서 저지른 것이었어요. 이들은 반이스라엘 투쟁을 벌이던 극단주의 단체, 적군파 요원이었지요. 이 테러로 총 24명이 희생되었어요. 자살 테러범들은 기꺼이 죽을 각오를 하고 있었는데, 두 명은 테러 현장에서 사살되었고, 나머지 한 명은 생포되었습니다.

극단주의자들은 비록 소규모 아웃사이더 집단으로 시작하더라도, 언제까지나 그런 상태로만 머무르는 것은 아닙니다. 이는 독일 나치의 역사에서도 분명하게 확인할 수 있어요.

극단주의 세력 확장, 독일 나치의 탄생

바이마르공화국은 1919년부터 1933년까지 독일을 가리키던 비공식적인 나라 이름이에요. 여기에는 극좌파 소수집단인 '독일 공산당'과 이른바 '나치'라고 불렸던 극우성향의 '국가사회주의독일노동자당'이 존재했습니다. 이 두 당은 바이마르공화국을 인정하지 않았고, 다른 사회체제를 건설하기 위해 투쟁했어요.

나치는 유대인 배척주의와 민족주의와 인종차별주의를 선동하면서, 1932년 선거에서 다수당이 되었습니다. 1년 후, 아돌프 히틀러가 바이마르공화국의 수상이 되었어요. 같은 해에 히틀러는 다른 정당을 세우는 것을 법으로 금지시켰지요. 이로써 독일은 1당 국가가 되었고, 독일의 민주주의는 폐기 처분되었습니다. 나치는 그 후 12년 동안 공포정치를 이끌었는데, 이로 인해 제2차세계대전이 일어나 7000만 명에 이르는 희생자

1944년, 헝가리 부다페스트에서 유대인 여성들이 나치에 붙잡혀 가고 있는 장면이다. 출처: 위키피디아

도대체 극단주의가 뭐야?

를 낳았어요. 이들은 또한 600만 명의 유대인과 50만 명의 집시족, 20만 명의 장애인, 무수히 많은 동성애자들 그리고 자신들의 이념에 맞지 않는 수많은 사람들을 살해했지요. 1945년, 전쟁이 끝남과 동시에 나치의 활동은 법으로 금지되었고, 나치를 계승한 '신나치' 조직인 '사회주의제국당'은 1952년에 활동이 금지되었어요.

하지만 1960년대로 접어들면서 독일에서는 다시금 신나치가 단체를 만들기 시작했습니다. 이탈리아와 터키계 외국인 노동자들이 더 많이 독일로 들어와서 신나치를 한층 부추겼지요. 1970년대에는 점점 더 많은 신나치 폭력 단체가 생겨났습니다.

1980년대에는 동독과 동유럽에서 나타난 심각한 변화의 조짐이 극우단체를 강화시켰어요. 당시 동유럽 국가와 과거 동독 지역에서 넘어온 난민들이 서유럽에 자리를 잡으면서 실업률이 치솟았는데, 정부는 오히려 빈곤층 지원, 실업 문제의 해결 등에 쓰는 사회지출을 줄였습니다. 게다가 세계화로 인해 민족국가는 점점 본연의 의미를 잃어 가고 있었고요. 이러한 정치사회 변화와 함께 찾아온 불안감은 1990년대로 들어서며 극우주의 단체들을 다시 한번 성장하게 하는 촉진제가 되었지요. 그런데 이런 상황은 선거 관련 지표에서는 나타나지 않았습니다. 1990년 12월, 통일 독일의 첫 총선에서 극우성향의 '독일국민민주당'은 불과 0.3퍼센트의 득표율을 기록하는 데 그쳤어요.

도대체 극단주의가 뭐야?

3장
정치 극단주의

극단주의에 대해 말할 때면, 정치 극단주의인 경우가 대부분입니다. 정치 극단주의는 앞에서도 이야기했듯이 일반적으로 극좌주의와 극우주의로 다시 나눌 수 있어요.

극좌주의와 극우주의는 여러 가지 면에서 공통점이 있습니다. 보통 자신들의 이념만이 세상에서 유일하게 올바르다고 믿지요. 또한 자신들의 이념에 따라 사회를 급진적으로 변화시키려 하고, 그 과정에서 필요하다면 폭력도 서슴지 않습니다. 하지만 더 나은 사회는 어떤 모습이어야 하는가라는 관점에서는 차이가 나요. 무엇이 극우주의이고 무엇이 극좌주의인지는, 이제부터 들려줄 두 사람의 이야기에서 분명하게 확인할 수 있습니다.

마티아스는 어떻게 나치를 추종하게 되었을까?

마티아스 아드리안은 1980년대에 부모님과 어린 남동생 둘과 함께 독일 남부에 있는 어느 작은 마을에서 살았습니다. 어머니는 가정주부였고, 세 아들을 돌보았어요. 아버지는 작은 수공예품 가게를 운영하고 있었고요. 부모님은 선거 때면 중도 우파 정당인 '독일기독교민주연합'에 투표했고, 주말이면 가톨릭 성당에 나갔지요.

친척들이 모여 식사할 때면, 나이 든 어른들은 나치 시절을 '좋았던 시절'이라고 이야기했고, 나치 독일의 군인으로 참전했던 어른들은 침을 튀겨 가며 무용담을 늘어놓았어요. 또한 독일에 사는 외국인이나 노숙자들에 대해 얘기할 때면 꼭 다음과 같은 말을 보탰지요.

"히틀러 때라면 그런 일들은 없었을 거야."

당시 다섯 살이었던 마티아스는 "좋았던 시절"이라는 말이 어찌나 근사하게 들리는지 자기도 조금만 일찍 태어났다면 좋았을 거라고 생각했지요.

그러던 어느 날, 마티아스는 학교에서 역사 수업 시간에 강제 수용소의 가스실과 유대인 박해 그리고 나치의 범죄에 관한 이야기를 듣게 되었습니다. 너무 충격을 받았죠. 집에 돌아와 그 이야기를 하자 할아버지는 마티아스를 안심시키며 말했어요.

"다른 사람들이 하는 이야기를 모두 다 믿어서는 안 된단다. 어쨌든 세상에 유대인을 좋아하는 사람은 없어."

마티아스는 할아버지의 말에 더욱 믿음이 갔고, 언젠가 극우

성향의 신문에서 읽었던 내용들이 훨씬 더 마음에 와닿았어요. 유대인은 결코 박해받은 적이 없고, 제2차세계대전이 끝난 후 독일인들은 재교육을 통해 세뇌되었으며, 외국인들이 독일인의 일자리를 빼앗아 가고 있다는 내용이었죠.

할아버지가 들려준 이야기와 부모님의 보수적인 생각은 마티아스의 뇌리에 깊은 인상을 남겼습니다. 그 세계관이 가슴 깊은 곳에 자리 잡게 되었고요.

열네 살이 되던 해, 마티아스는 또래 아이들과 처음으로 모임을 만들었습니다. 모임 친구들은 건물 벽에 나치의 만卍 자 문양을 그렸고, 가까운 숲에서 방공호를 찾아다녔으며, 나치 시절의 군대를 연상시키는 군복을 입고 다녔어요.

열여덟 살이 되면서 마티아스는 극우성향의 독일국민민주당에 입당했어요. 얼마 지나지 않아 그 당의 지역 청년단 단장직을 맡게 되었지요. 마티아스는 히틀러를 흉내 내 검은 머리를 한쪽으로 가르마를 타 넘기고 콧수염을 기른 모습으로 신분증 사진을 찍었어요. 집 안 벽에 히틀러와 다른 나치 당원들의 사진을 걸고, 나치 문양 장식을 큼지막하게 달아 두었고요. 마티아스는 지역 우파 진영에서 중요 인물로 급부상했습니다. 전몰 장병 묘지에서 횃불과 히틀러 시절의 군기를 들고 행진하는 퍼레이드를 열었고, 불법 무장단체에서 활동했으며, 감옥에 간힌 극우주의자들을 위한 후원회를 지원했어요.

그러던 어느 날, 마티아스의 여자친구가 경찰에 체포되었습니다. 그 일은 모든 것을 바꿔 놓았어요.

극우주의자는 누구일까?

10년 동안 마티아스 아드리안은 극우주의자였습니다. 인간의 가치를 그가 속한 민족과 종족에 따라 판단하는 정치적인 흐름에 동참했지요. 독일의 극우주의자들은 유대인을 비롯해 다른 문화권에 속하는 사람을, 정신과 신체에 장애를 지닌 사람을, 동성애자와 트랜스젠더를 그리고 여성을 '순수 혈통의' 독일 남성보다 가치가 떨어진다고 생각해요.

극우주의자들은 대개 국수주의자와 인종차별주의자로 구분

되는데, 이 두 부류는 공통점이 많아요.

국수주의자들은 자신들의 나라에서 오직 그 나라에 속하는 사람들, 즉 여러 세대 전부터 그 나라 사람이었던 사람들만 살아야 한다고 주장합니다. 이들은 자기 국가를 다른 어떤 국가보다 중요시하고, 다른 나라나 다른 문화의 상황은 전혀 고려하지 않으며, 오직 자기 국가만의 이익을 관철시키려 하죠.

인종차별주의자들은 인종에 따라 피부색과 얼굴 생김새만 다른 건 아니라고 생각해요. 행동도 다르고, 도덕관념도 다르고, 지능도 다르다고 믿지요. 자신의 인종이 다른 인종보다 훨씬 지적이고 성실하며 가치 있다고 확신해요. 뿐만 아니라 자기 나라에 살고 있는 다른 인종 사람들에게 자신보다 훨씬 더 적은 권리만 주어지기를 원합니다. 한때 유럽 사람들이 식민지 국가에서 다른 민족을 억압한 일 또한 인종차별주의적인 관점에서 비롯된 것이었어요. 즉, 아프리카 같은 식민지에 살고 있던 사람들은 교양이 없고 기본적인 자질도 부족하니 그들의 발전을 위해서는 유럽인의 도움이 필요하다고 주장했던 거죠. 하지만 사실 유럽인들은 그들을 착취했을 뿐입니다.

도대체 극단주의가 뭐야?

극우주의자들은
외국인과 다른 인종을 거부한다.

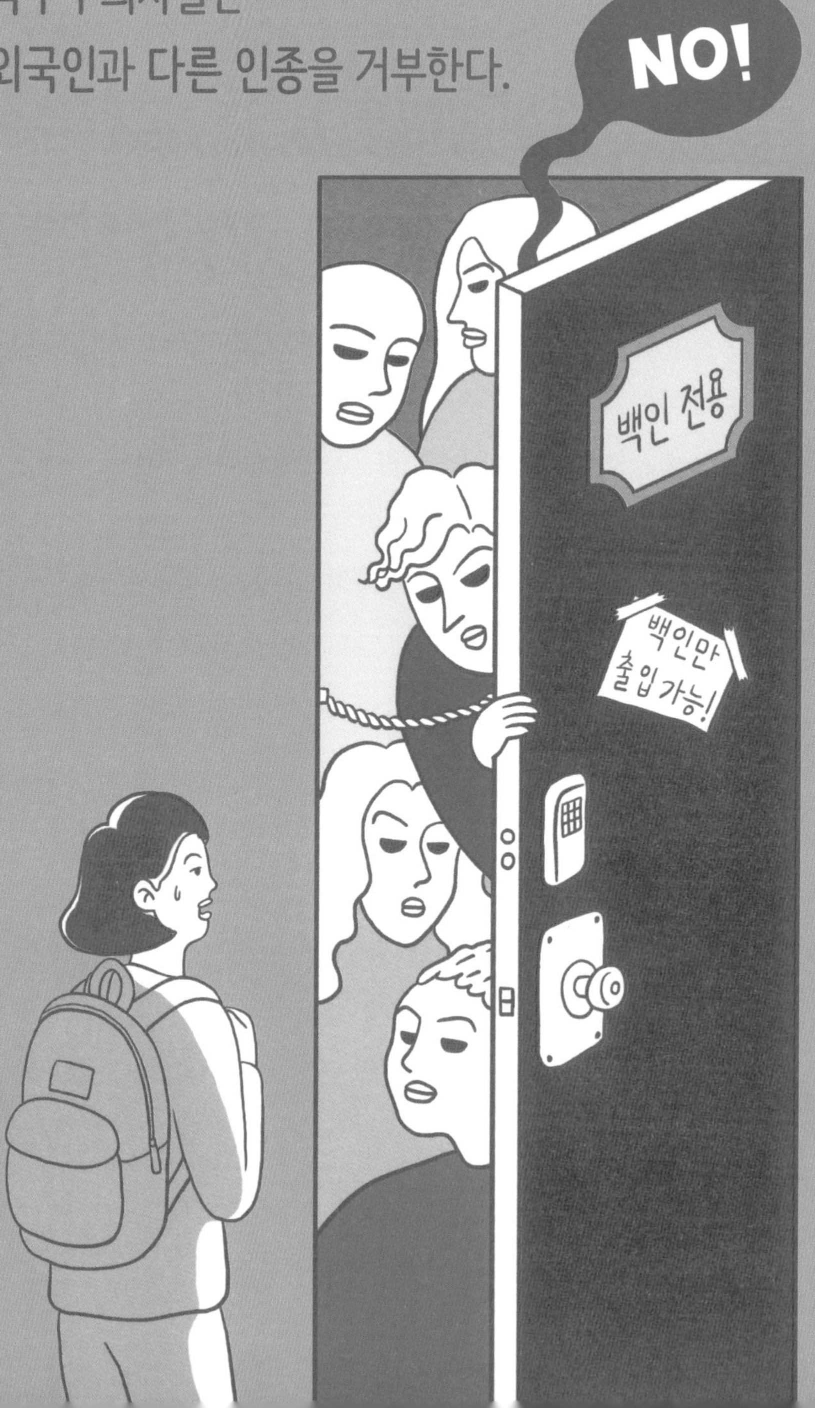

많은 독일 사람은 극우주의자라고 하면 다음과 같은 모습을 떠올려요. 험악한 얼굴, 실업자, 낮은 교육 수준……. 하지만 그건 극우주의자 일부의 모습일 뿐이에요. 단지 외모만으로 극우주의자를 알아볼 수는 없죠. 모든 극우주의자가 다 평균 이하의 교육을 받은 것도 아니에요. 오히려 극우단체의 높은 자리를 맡고 있는 사람들 중에는 고등교육을 받고 안정된 직업을 갖고 있는 사람도 많습니다. 물론 몇몇 모습들은 맞아떨어지기도 해요. 예를 들어 전형적인 극우주의자들은 대부분 불확실한 미래를 걱정해요. 일자리를 찾느라 애태우고, 자신의 능력에 맞는 저렴한 집을 찾는 데 어려움을 겪죠. 또 어떤 극우주의자는 부모와 자식들로 이루어진 전통적인 가족 형태가 점점 줄어들고 있는 상황을 걱정하거나, 자기 나라에 너무 많은 외국인이 살고 있다는 사실을 우려하기도 합니다. 놀랄 만한 사실은, 외국인, 동성애자, 장애인들과 거의 접촉하지 않는 사람들이 그런 사람들과 자주 접촉하는 이들보다 훨씬 더 많이 극우주의적인 세계관을 지지한다는 점이에요. 작고 폐쇄적인 사회는 특히나 보수성향을 띠기가 쉽고, 따라서 새로운 것이나 낯선 것들은 대부분 거부되곤 합니다. 그렇기 때문에 극우주의자들은 대도시보다 작은 마을에서 더 많이 생겨나요.

세계 어느 나라에나 자기 민족과 자신들의 문화를 더 가치 있다고 여기는 집단들은 존재합니다. 그리고 이들은 다른 문화권의 사람들을 업신여기고, 민주주의를 거부합니다.

독일의 극우주의자들

독일의 정보기관인 연방헌법수호청의 조사에 따르면, 독일에는 약 2만 3100명의 극우주의자들이 살고 있습니다. 독일의 총인구는 약 8000만 명이므로 상당히 적은 숫자처럼 보이죠. 하지만 극우주의자로 분류되지 않더라도 우파적인 세계관을 지지하는 사람은 이보다 많을 것으로 예상돼요. 독일 인구의 10퍼센트가 넘는 사람들이 '강력한 지도자'를 원하고, 11퍼센트가량은 유대인이 세계에 너무 많은 영향력을 행사한다고 믿거든요. 또한 12퍼센트가량은 독일인이 다른 민족보다 우월하다고, 약 33퍼센트는 독일에 너무 많은 외국인들이 산다고 생각합니다.

독일의 극우단체 가운데 규모나 세력이 가장 큰 집단은 신나치주의자(네오나치)들이에요. 독일에서 극우주의자는 종종 신나치주의자와 같은 말로 사용되기까지 하지요. 신나치주의자들은 나치의 사상을 그대로 추종합니다. 다시 한번 강력한 지도자가 이끄는 전체주의 국가, 오직 독일인들만으로 이루어진 동질적인 '민족 공동체'를 건설하고자 하지요. 이들은 나치의 범죄행위와 유대인 집단학살을 부정하고, 모두가 '민족 공동체'에 예속될 것을 요구해요. 독일이 통일되고 1990년대에 들어서며 신나치주의자들이 크게 늘어났지만, 최근에는 그 숫자에 거의 변화가 없습니다. 연방헌법수호청에 따르면 현재 독일에서는 약 5800명이 신나치주의자로 분류되고 있어요.

독일에서 가장 오래되고 가장 큰 극우 정당은 독일국민민주당입니다. 5000명의 당원을 자랑하죠. 앞서 얘기한 마티아스 아드리안 또한 이 당의 당원이었어요. 독일국민민주당은 한동안 정치적으로 성공을 거두었어요. 하지만 2017년 총선에서는 0.4퍼센트의 표를 얻는 데 그쳤습니다. 그런데도 경제적으로 취약한 옛 동독 지역을 중심으로 활동을 계속하고 있지요.

이외에도 또 다른 독일의 극우 정당으로 '우파당', '노르트라

도대체 극단주의가 뭐야?

인 베스트팔렌을 위한 시민운동', '제3의 길' 등이 있어요. 이들 모두는 당원이 1000명도 채 안 되는 소규모 정당이죠.

현재 독일의 극우 정당은 연방의회 의석을 확보하지 못하고 있어 그 의미가 미미합니다. 단 하나 예외가 있다면, '독일을 위한 대안'이에요. 이 당은 많은 우파 유권자들의 표를 끌어모으고 있지요. 난민의 숫자를 제한하고, 민족정체성을 강화하며, 부모와 자식으로 이루어진 전통적인 가족 형태를 복원할 것을 촉구하면서요. 이런 주장을 통해 극우 정당들이 추구하는 몇 가지 쟁점을 대변하고 있기는 하지만, 이 당은 극우로 분류되지 않아요. 그럼에도 불구하고 이 당의 당원들은 우파적이고 극우주의적인 발언들을 끊임없이 되풀이함으로써 사람들의 관심을 끌고 있습니다.

이밖에도 독일에는 수많은 극우 조직이나 단체가 존재하며, 이들은 서로 다른 다양한 특성을 갖고 있어요. 그렇지만 다음과 같은 입장에서만큼은 공통점을 보여요.

• 1937년 '독일제국'의 국경선을 되찾고자 합니다. 오늘날 폴란드와 프랑스 땅의 일부를 다시 갖겠다는 말이죠.

2018년 '독일을 위한 대안'의 선거 포스터. "이슬람은 독일에 속하지 않는 다."라고 씌어 있다. ⓒRosenkohl 출처: 위키피디아

• 제2차세계대전 때 나치가 저지른 유대인 집단학살을 부정합니다. 독일 법률상 금지된 표현인데도 불구하고요. 또한 제2차세계대전에서 용감히 싸웠던 독일군의 명예를 기려야 한다고 주장해요.

• 이민 이력이 없는 순수 혈통의 독일인이 다른 민족보다 더 가치 있다고 확신합니다. 모든 인간이 다 똑같이 가치 있다고 생각하지 않는 거예요. 인간의 가치와 존엄은 그가 어느 인종, 어느 문화, 어느 민족에 속하는지에 따라 달라진다고 보죠.

• 독일의 문화가 망가져 간다고 봅니다. 부모와 자식으로 이루어진 전통적인 가족이 예전과 같은 가치를 지니지 못하고, 순종·근면·규율 등 전통적인 덕목들 또한 그 가치를 잃고 있으며, 비유럽 국가에서 온 이민자들로 인해 독일 사회가 변하고 있다는 거죠. 그래서 전통적인 가치의 소중함을 깨닫고, 독일적인 것이 아닌 '낯선 것'들을 몰아내야만 한다고 주장해요. 필요하다면 폭력을 사용해서라도 말이죠.

• 민주적으로 선출된 정부가 아니라, 강력한 지도자가 국가를 통치해야 한다고 생각합니다.

• 유대인을 적으로 여깁니다. 유대인은 오래전부터 온갖 나라의 온갖 문화권에서 살아왔어요. 따라서 유대인의 유형은 아주 다양하죠. 그런데 극우주의자들은 유대인을 하나로 싸잡아서 세계 모든 악의 근원으로 여깁니다. 세계 정치와 경제의 중요한 문제들에 영향력을 끼치는 강력한 악으로요. 이런 반유대주의는 극우주의자뿐 아니라 이슬람주의자들에게서도 보여요.

간단히 말해, 극우주의는 다음과 같은 공식으로 정리할 수 있습니다.

강력한 민족주의
+
외국인 배척
+
인종주의
+
보수적이고 권위주의적인 사회상
+
민주주의·법치주의의 거부
=
극우주의

유럽의 극우주의자들

　지난 몇 년 동안 많은 유럽 국가에서 우파 정당들의 선거 득표율이 올라가고 있습니다. 대표적인 예는 마린 르 펜이 이끄는 프랑스의 극우 정당 '국민전선'이에요. 이들은 프랑스인이 고용 정책에서 우대받아야 하고, 외국인의 집단 이주를 막아야 하며, 외국인 노동자에게는 더 많은 세금을 물려야 한다고 주장해요.

　2017년 오스트리아의 국민의회 선거에서는 보수 우파 '오스트리아 국민당'이 제1당을 차지하며 총리를 배출했고, '오스트리아 자유당'과 연정을 구성해 내각을 이끌고 있어요. 오스트리아 자유당의 당원들은 극우주의적인 발언으로 늘 이목을 끌지요. 예를 들어 한 의원은 2014년 오스트리아 축구 국가대표팀 선수인 다비드 알라바에게 인종차별적인 발언을 해 물의를 일으켰어요. 또한 이 당 정치인들은 SNS에서 수시로 난민들을 헐뜯습니다. 또, 2017년에 당대표인 하인츠 크리스티안 슈트라헤는 테러에 좀 더 효과적으로 대처하려면 인권을 제한해야 한다고 주장했어요.

　헝가리에서는 2010년 이후로 우파 포퓰리즘 정당인 '피데스'

가 빅토르 오르반 총리의 지도 아래 다수당으로서 국정을 이끌고 있습니다. 이 당은 극우 정당으로 분류되지는 않아요. 그런데 오르반 총리는 난민으로 인한 테러의 위험에 빠졌다면서 '강한 헝가리'의 중요성을 강조하죠. 그밖에도 언론의 자유와 같은 기본권을 제한했고요. '사회당' 등 좌파 5개 야당이 제휴한 '좌파 연합'의 뒤를 이어 제3당의 자리를 차지한 '요비크'는 극우 정당으로서 헝가리 의회에 진출해 있습니다. 이 당은 특히 집시 추방과 유럽연합^{EU} 탈퇴 등을 당론으로 내세우고 있지요.

독일과 마찬가지로 이탈리아 또한 파시스트 독재라는 아픈 과거를 갖고 있습니다. 독재자 베니토 무솔리니의 추종자들은 제2차세계대전이 끝난 뒤에 여러 정당의 소속 의원으로서 의회에 진출했어요. 하지만 정치적으로는 더 이상 영향력을 발휘하지 못했지요. 일부 전문가들에 의해 극우로 분류되는 정당, '북부동맹'은 지금도 계속해서 외국인을 배척하는 발언을 쏟아 내고 있어요.

2017년 3월, 네덜란드 총선에서는 극우 포퓰리즘 정당인 '자유당'이 제2당으로 떠올랐어요. 10년 전부터 이 당은 의회에 진출했고, 정치적인 담론에 계속해서 영향력을 행사했지요. 당대표인 헤이르트 빌더르스는 무엇보다도 반이슬람 운동에 적극적이에요. 그는 『코란』을 '파시스트 서적'으로 분류해 금지시키고, 이슬람교도가 더는 유럽으로 들어오지 못하도록 해야 한다고 주장합니다.

2011년 7월 22일, 노르웨이의 수도 오슬로와 우퇴위아섬에서 벌어진 연쇄 테러는 전 세계를 충격으로 몰아넣었어요. 이 사건을 저지른 건 극우주의자 아네르스 베링 브레이비크였습니다. 그는 오슬로의 정부 청사에서 폭탄테러를 저지른 뒤, 곧이어 집

2011년 노르웨이 오슬로 대성당 앞에 테러 희생자들을 애도하기 위한 꽃과 양초가 놓여 있다. ⓒAsav 출처: 위키피디아

도대체 극단주의가 뭐야?

권 여당인 노동당의 청소년 정치 캠프가 열리고 있던 우퇴위아 섬으로 가서 총기를 난사했어요. 모두 77명의 무고한 목숨을 희생시켰죠. 특히나 우퇴위아섬에서 희생된 사람들은 대부분 어린이와 청소년이었어요. 그는 재판에서 징역 21년형을 받았습니다.

이상은 단지 몇몇의 사례에 불과해요. 다른 유럽 국가에서도 지난 몇 년 사이, 특히 난민 위기 이후로 우파 정당에 대한 지지도가 크게 올랐지요.

러시아의 극우주의자들

러시아의 극우주의자들은 유난히 폭력적인 것으로 유명합니다. 그 희생자는 주로 중앙아시아와 캅카스 지역의 사람들, 반파시스트, 노숙자, 동성애자 그리고 판사 들이에요. 이들은 목표를 특정해 살해하고, 자신들의 행위를 담은 동영상을 인터넷에 올려 퍼뜨려요. 러시아에서 가장 활동적인 극우집단은 신나치예요. 한편, 러시아의 정당들은 직접적으로 극우주의를 드러내는 경우가 극히 드뭅니다. 하지만 극우집단과 정치세력들은 서로 잘 연결되어 있는 것으로 보여요. 의원 가운데 누군가가 늘 극우주의자들의 대변인 역할을 하고 나서거든요. 2008년 이후로 러시아 정부는 폭력적인 신나치주의자들에 대해 훨씬 더 강력하게 대처하고 있고, 그 후로 살인 범죄는 줄었어요.

미국의 극우주의자들

미국에서는 극우주의자들을 '급진 우파'라고 부르며, 급진 우파에는 '백인 권력 운동', '대안우파', '큐 클럭스 클랜KKK' 등이 포함됩니다. 미국에서 가장 큰 규모의 신나치 정당은 '국가사회주의운동'이에요.

2001년 9·11 테러 이후, 많은 미국인은 이슬람교도들을 믿지 않아요. 이날 이슬람주의자들인 테러범들이 납치한 두 대의 여객기가 뉴욕에 있는 세계무역센터 빌딩을 향해 날아들었습니다. 세 번째 비행기는 미국 국방부 건물인 펜타곤으로 날아들었

도대체 극단주의가 뭐야?

고, 네 번째 비행기는 테러 목적을 달성하지 못한 채 텅 빈 들판에 추락했어요. 이 기습 테러로 3000명가량의 사람들이 목숨을 잃었지요.

이 사건은 믿을 수 없게 극적이었죠. 그런데 놀랍게도 미국에서는 이슬람주의자들에 의한 테러 못지않게 많은 폭력 사태가 극우주의자들에 의해 벌어졌습니다. 2001년 9·11 테러가 일어난 때부터 2017년 초 사이에 이슬람주의자들은 미국에서 119명을 살해했어요. 같은 기간 동안 극우주의자들은 106명을

2001년 9·11 테러 때 공격당한 뉴욕의 세계무역센터. 비행기가 빌딩으로 추락해 폭발이 일어난 장면이다.
ⓒRobert J. Fisch 출처: 위키피디아

살해했지요.

2015년 여름, 21세의 백인 남성이 미국 동부 사우스캐롤라이나주의 어느 교회에서 아홉 명의 흑인을 총으로 사살했어요. 테러범은 다른 백인들에게도 비슷한 행동을 하라고 부추기기 위해 희생자들을 죽였다고 진술했지요. 결국 그에게는 사형이 선고되었습니다.

2017년 여름, 미국 동부의 도시인 샬러츠빌에서는 남북전쟁 당시 노예제도 폐지에 반대하는 남군의 편에 서서 싸웠던 로버

2015년 미국 사우스캐롤라이나주의 교회 테러 사건 나흘 뒤 예배를 드리는 신도들. 사건의 충격으로 한 교인이 눈물을 닦고 있다. ⓒ연합뉴스

도대체 극단주의가 뭐야?

트 E. 리 장군의 동상이 철거되었어요. 수천 명의 극우주의자들은 리 장군의 동상 철거에 항의하기 위해 샬러츠빌로 몰려들어 그들의 시위에 반대하는 사람들과 싸웠지요. 그러던 중, 한 극우주의자가 반대 시위대 진영으로 차를 몰고 돌진하는 바람에 한 명이 죽고, 19명이 부상을 입었습니다. 경찰 수사 결과, 범행 직후 도주하다가 체포된 범인은 나치를 숭배하는 백인 우월주의 집단 소속이었음이 밝혀졌지요.

2008년 11월의 미국 대통령 선거 결과는 극우주의자들을 극심한 혼란에 빠뜨렸습니다. 아프리카계 흑인인 버락 오바마가 미국의 맨 꼭대기에 올라섰기 때문이에요. 그런데 2016년 11월 미국 대선으로 상황은 달라졌지요. 중남미계 미국 이민자인 히스패닉과 이슬람교도를 지속적으로 비난해 온 도널드 트럼프가 대통령으로 당선되면서, 미국에서의 외국인 차별이나 혐오는 사회적으로 받아들여지게 됩니다. 선거 다음 날부터, 히스패닉들이 위협받거나 공격당하는 일이 훨씬 잦아졌지요. 유대인에 대한 테러 위협 또한 늘어났고요. 온건한 성향의 트럼프 지지자들도 자신들의 생각에 동조하고 있다는 자신감에 극우주의자들은 한층 더 강화된 외국인 혐오를 드러낼 수 있었던 거예요.

극우 조직에서 탈출하기

극우주의자들은 지금 강력한 저항에 맞닥뜨려 있습니다. 극우 세력에 반대하는 다양한 시민운동이 벌어지고 있기 때문이에요. 또한 극우 조직에서 탈퇴하려는 사람들도 늘고 있습니다. 이들은 왜 탈퇴하려고 할까요? 극우주의의 실체를 밝히는 이런저런 시민운동 덕분일까요? 아니면, 어느 순간 극우주의 이념에만 너무 갇혀 있다고 느끼게 되었기 때문일까요? 그도 아니면, 단순히 이제는 좀 편히 살고 싶다는 생각이 들었기 때문일까요?

극우주의자들이 조직에서 빠져나오게 되는 이유는 다양해요. 하지만 탈퇴란 결코 쉽지 않지요. 가족처럼 가까웠던 동료들이 결코 놓아주려고 하지 않거든요. 조직과 더 이상 관계 맺고 싶어 하지 않는 자는 배신자이자, 나아가 적이 되어 버립니다. 만약 고위급 인물이 탈퇴한다면, 그 조직에 심각한 위협일 거예요. 조직에 깊이 관여했던 사람은 그 조직에 대해 그만큼 많은 것을 알고 있고, 조직의 중요한 비밀을 경찰에 털어놓을 수도 있기 때문이지요. 그래서 조직을 탈퇴하려는 사람에게는 조직원들의 심한 압박이 가해지곤 합니다. 심지어는 당사자의 가족까지 위협받기도 해요.

따라서 탈퇴하려는 사람은 공개적으로 탈퇴 의사를 밝히기 전에 먼저 도와줄 사람을 찾아야 합니다. 독일에는 대표적으로 '엑시트'를 비롯해 탈퇴자를 돕는 시민 단체가 여럿 있는데, 이런 시민 단체의 조력자와 함께 대비책을 마련해야만 하죠.

조력자들은 탈퇴를 원하는 사람이 속해 있던 조직이 얼마나 폭력적인지를 조사해요. 이사까지 필요한지, 단지 조직원들과 만나는 것만 피하면 충분할지는, 그 조직의 폭력성에 따라 달라집니다. 만일 그 조직이 폭력적이고, 탈퇴자를 협박했던 과거가 있다면, 탈퇴하려는 사람은 일자리 때문에 어쩔 수 없이 다른 도시로 이사를 가야 한다는 등의 그럴듯한 이유를 대야 해요. 그런데도 그 사람이 위협을 받는다면, 조력자들은 즉각 행동에 나서서 그를 안전한 곳으로 데려가죠. 물론 그가 머무를 새 거주지의 주소는 관계자 외에는 아무도 몰라야 하고요. 그런 다음, 조력자들은 탈퇴자를 한때의 동료들로부터 어떻게 안전하게 보호할지, 탈퇴자가 앞으로는 어떻게 살아가야 할지를 함께 고민합니다.

이러한 각종 시민 단체 사람들은 극우주의자들, 특히 극우 조직의 지도급 인물들에게 적극적으로 탈퇴를 권유하기도 해요. 조직의 리더가 탈퇴를 결심하면 그를 따르던 다른 조직원들 또한 탈퇴를 심각하게 고민하게 되기 때문이지요. 엑시트의 공동 설립자인 잉고 하셀바흐 또한 한때는 신나치 단체의 리더였어요.

조직에서 탈퇴하기까지는 종종 꽤 오래 걸리기도 해요. 무엇보다도 정서적으로 쉽지 않은 결정이기도 하죠. 수년 동안 맺어 왔던 우정을 깨야 하기 때문이에요. 탈퇴를 반대하는 동료들 대부분은 탈퇴자와 더 이상 친구로 남을 수 없고, 그러기를 원치도 않아요. 탈퇴자는 오랫동안 자신에게 커다란 영향력을 끼쳤던 세계관이나 신념과도 작별해야만 해요.

여러분이 생각하고 믿는 것은 여러분의 정체성을 만들어 냅니다. 오랫동안 자신의 조국을 외국인들로부터 지켜 내야 한다고 믿었던 사람이라면, 그런 이념과 작별한 뒤 한동안은 심각한 상실감에 빠질 수밖에 없어요. 나치 독재가 끝난 뒤, 수백만 명의 독일인들은 그런 느낌을 직접 경험했었죠. 평생 배우고 믿어 왔던 것들이 모두 거짓이라면 어떨까요? 그 사실을 깨닫고, 다시금 새로운 세계상을 일궈 나가기 위해서는 많은 노력이 필요할 겁니다. 그렇기 때문에 탈퇴자들은 많은 경우 나아갈 길을 잃고 의기소침해하며, 한동안은 무엇이 옳고 그른지 제대로 판단하지 못해요.

마티아스 아드리안이 가르마 머리에 콧수염을 기른 모습으로 신분증 사진을 찍었던 얼마 후, 그의 여자친구가 경찰에 체포되었습니다. 유대교 회당에다 그들을 혐오하는 구호를 낙서했다는 이유였어요. 마티아스의 여자친구는 체포된 일이 전혀 예상치 못했던 충격이었던 게 분명해요. 얼마 지나지 않아 극우 조직과의 관계를 끊었거든요. 마티아스 또한 고민하기 시작했어요. 그는 수년 동안 조직에서 들었던 모든 말이 다 진실이며, 정치인과 거대 언론은 대부분 거짓말을 하고 있다고 믿었습니다.

그런데 어느 날부터 동료들이 거짓말한다는 사실을 알아차리게 됐어요. 그밖에도 극우주의 이론들이 불합리하고 허무맹랑한 주장이라는 생각을 하게 되었고요. 그렇게 해서 마티아스 또한 얼마 뒤 극우 조직에서 빠져나왔습니다.

탈퇴는 쉽지 않았어요. 마티아스는 많은 친구를 잃었고, 우울증에 시달렸으며, 심지어 자살까지도 생각했지요. 하지만 결국 해내고야 말았습니다. 조직에서 탈퇴한 후, 그는 전과 달리 검은 머리를 뒤로 빗어 넘기고 다녔어요. 길렀던 콧수염도 말끔하게 면도했고요. 그리고 시민 단체 엑시트에서 일했어요. 학교와 청소년 클럽에서 강연을 하고, 극우주의에 관한 토론회에 참여해 극우 조직에 퍼져 있는 논리나 주장의 실체를 설명했지요. 한때 극우주의자였다는 사실은 비슷한 처지에 있는 다른 누군가를 돕는 일에 큰 도움이 되었어요. 극우 조직이 실제로 어떤 곳이며, 그곳에서 빠져나온다는 게 얼마나 힘든지 누구보다 잘 알고 있었기 때문이에요. 다른 탈퇴자들은 자신과 같은 경험을 한 마티아스가 들려주는 말에 진심으로 귀를 기울였습니다.

마티아스는 극우주의자로서 자신이 저질렀던 잘못을 뉘우치

극우 조직 탈퇴를 결심한 마티아스의 뇌 구조

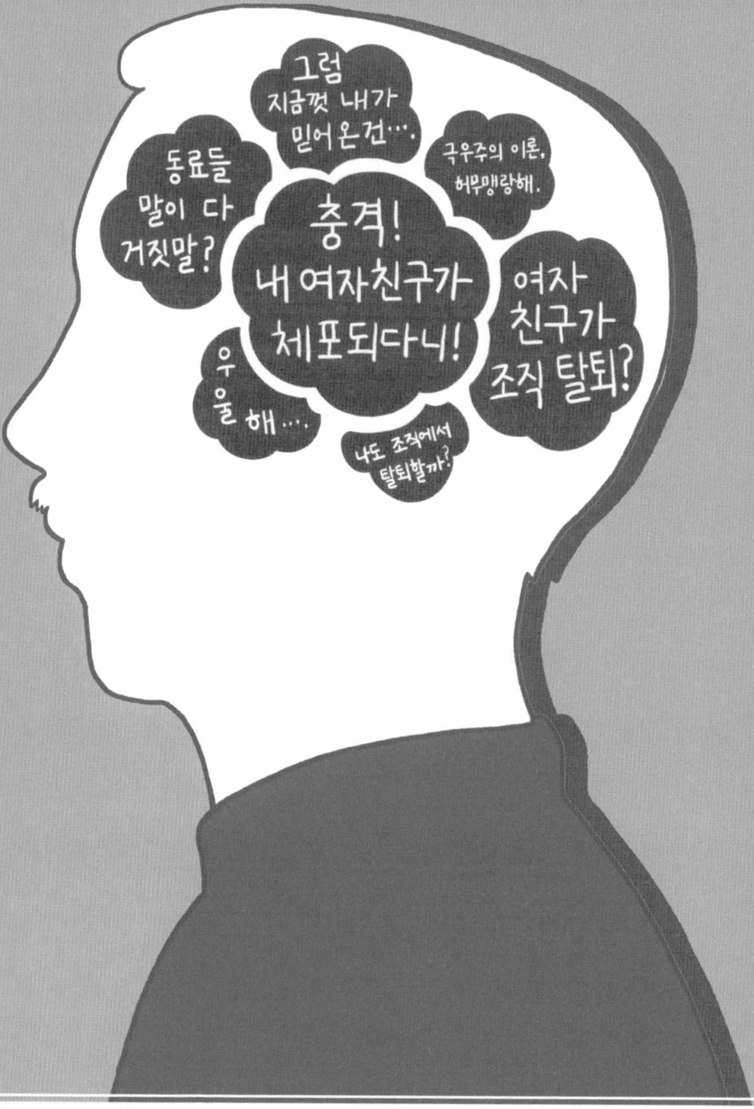

고, 나아가 다른 사람들이 자신처럼 잘못된 길로 들어서는 것을 가능한 한 막아 보려 최선을 다했어요. 한때 몸담았던 조직과 관련해 그에게 남은 것은, 이념이라는 허깨비에 휘둘려 이용당했다는 느낌뿐이었지요.

모든 사회, 모든 세대마다 극우주의적인 견해는 존재합니다. 이는 우리가 생각하는 것보다 훨씬 더 널리 퍼져 있어요. 누군가가 외국인이나 동성애자를 욕하고 비난한다면, 왜 그러는지 생각해 보는 게 중요해요.

'다른 것'이나 '다른 사람'을 거부하는 태도 뒤에는 나름 당연한 것처럼 보이기도 하는 분노나 두려움이 숨어 있는 경우가 많아요. 변화나 실직에 대한 두려움, 국민들의 걱정을 심각하게 받아들이지 않는 정부에 대한 분노가 그 예입니다. 물론 자신의 불안감을 다른 사람에 대한 분노나 멸시, 심지어 폭력으로 표현하는 것은 결코 정당화될 수 없어요. 하지만 그런 생각을 지녔다는 이유만으로 누군가를 비난하는 것 또한 아무 도움이 되지 못하죠. 비난받은 사람은 소외당한다고 느낄 뿐이니까요. 보다 중요한 것은 분노를 느끼는 사람들과 대화하는 것입니다. 그래서 그들의 문제에 공감하고, 그 문제를 해결할 방법을 함께 찾는 거예요.

국가권력에 분노하는 알렉스

2017년 무더운 어느 여름날, 52세 남성 알렉스가 머리에 검은 모자를 눌러쓰고 땀을 뻘뻘 흘리며 서 있었습니다. 알렉스와 동료 조직원들은 검은 후드티를 입고, 선글라스를 끼고, 검은 스카프로 얼굴을 가린 '블랙 블록' 사람들에 둘러싸여 있었어요. 온통 검은 차림으로 몸을 가려서 이런 이름이 붙은 블랙 블록은 몇 시간 전부터 "지옥에 오신 것을 환영합니다" 시위대의 맨 앞에 서 있었지요. 시위대는 G20 정상회담이 개최되는 독일 함부르크에 모여, 세계화와 환경파괴에 반대하는 시위를 하고 있었어요.

시위대는 미리 시위 신청을 해 놓았지만, 앞으로 한 걸음도 나아갈 수가 없었습니다. 블랙 블록 조직원들이 선글라스와 스카프를 벗지 않으려 한다는 이유로 경찰에게 가로막혔기 때문이에요. 잠시 후면 밀고 밀리는 힘겨루기 끝에 시위대가 먼저 경찰을 향해 화염병을 던지거나, 아니면 경찰이 먼저 공격 명령을 내리고 돌진해 올 거예요. 어쨌거나 모든 상황은 순식간에 벌어지겠죠.

도대체 극단주의가 뭐야?

곧 헬멧을 쓰고 보호 장비를 두른 경찰들이 알렉스와 검은 옷을 입은 시위자들을 곤봉으로 사정없이 때렸습니다. 시위대는 경찰 쪽을 향해 화염병과 돌을 던지기 시작했고요. 알렉스는 동료들과 함께 서둘러 인간 띠를 만들었어요. 그러고는 도망칠 길을 찾았지요.

알렉스는 1980년대 중반에 라인강에서 그리 멀지 않은 독일 서부의 어느 도시에서 자랐어요. 그의 부모님은 중도 진보성향의 사회민주당(사민당)을 지지했고, 알렉스를 자유롭게 키웠습니다. 알렉스는 할아버지와 할머니에게서, 또 학교에서 나치의 범죄행위에 대해 들었어요. 그 무렵 그는 종종 학교 앞을 어슬렁거리는 신나치주의자들을 보았지요. 신나치주의자들은 외국인과 동성애자들에게 야유를 보내곤 했어요.

알렉스는 어릴 때부터 좌파 집단에 끌렸습니다. '국가의 통제를 받지 않는 자유로운 사회'를 추구하는 좌파의 이념이 마음에 들었거든요. 처음 좌파 시위에 참여하고 난 뒤, 알렉스는 국가 권력이 왜 자신을 분노하게 만드는지 분명하게 깨달았어요. 그때를 떠올릴 때면, 알렉스는 지금까지도 화가 치밀어요. 그날은 나치를 추종하는 극우 정당인 독일국민민주당이 라인강 기슭에 있는 공업도시 카를스루에서 시위를 벌였던 때였죠. 당시 열여섯 살이었던 알렉스는 반대 시위대에 속해 있었습니다. 그때 알렉스의 눈에 놀라운 장면이 들어왔어요. 경찰과 연방국경경비대가 독일국민민주당 추종자들을 지켜 주었던 거예요. 반면에 알렉스가 속한 반대파 시위대에게는 무차별적인 폭력을 휘둘렀고요. 그때 알렉스가 경찰관의 곤봉에 맞아 생긴 상처는 30년이 지난 지금까지도 흉터로 남아 있어요. 알렉스는 당시 상황을 이렇게 말했지요.

"나치들은 마음껏 거리를 활보할 수 있었고, 경찰은 우리를 향해 미쳐 날뛰었습니다. 그날의 경험은 국가와 경찰에 대한 나의 믿음을 송두리째 무너뜨렸습니다. 그리고 나는 급진화되었습니다. 평화적인 방법으로는 단 한 걸음도 나아갈 수 없었기 때문입니다."

극좌주의자는 누구일까?

급진화. 이 말은 알렉스가 좌파 이념에 좀 더 빠졌다는 것을 뜻합니다. 그는 곧 자신을 다음과 같이 표현하기에 이르렀어요. "나는 무정부주의자다."

'아나키스트Anarchist'라고도 불리는 무정부주의자는 말 그대로 무정부주의를 주장하는 사람을 뜻해요. 모든 정치조직이나 권력 따위를 부정하는 무정부주의를 믿고 따르는 거죠. 무정부주의자로서 알렉스가 추구하는 목표는 사람들이 모든 지배로부터 자유로워지는 겁니다. 즉, 정치인들에게 통제받지 않고, 사람들끼리 작은 집단을 이루어 스스로 다스리는 사회를 만드는 거죠. 이론적으로 이런 사회는 이해관계가 같은 사람들이 모였을 때 최선의 결과를 기대할 수 있어요. 필요한 것은 스스로 생산하거나 다른 사람과 거래해서 얻고, 모두가 같은 양의 노동을 하고, 누구도 일주일에 40시간 이상을 일할 필요가 없으며, 누구나 이틀이나 사흘만 일하면 충분한 사회죠. 이러한 무정부주의자들의 논리에 따르면 자본주의와 이윤추구와 노동자 착취, 이 모두는 더 이상 존재하지 않게 되는 것입니다.

이와 같은 무정부주의자는 극좌주의에서 커다란 흐름을 형성합니다. 또 다른 부류로는 공산주의자가 있어요. 공산주의자들은 자본주의경제 시스템을 없애고, 사회의 재산 소유 구조를 뒤바꾸려 하지요. 이들은 독일의 정치경제학자인 카를 마르크스(1818~1883년)의 이념을 추종해요.

마르크스는 19세기의 사회를 분석하면서, 인간의 삶은 주로 경제적인 필요에 좌우된다는 결론을 이끌어 냈습니다. 그에 따르면 사람들이 하는 거의 모든 일은 재산을 쌓거나, 유지하거

1875년 마르크스의 모습. ⓒphoto by John Jabez Edwin Mayall, colored by Olga Shirnina 출처: 위키피디아

나, 늘리는 것에 초점이 맞춰져 있어요. 대다수가 가난하고 소수만이 아주 부자인 이유는, 그 소수만이 기계와 공장과 원료와 같은 생산수단, 즉 부자가 되기 위해 필요한 모든 것을 소유하고 있기 때문이죠. 그에 반해 대부분의 사람들은 단지 노동력만을 가졌을 뿐이에요. 자신의 노동력을 제공하는 만큼만 대가를 지급받지요. 결코 부자가 될 수 없는 거예요.

마르크스는 이런 불공평을 극복할 수 있는 아이디어를 내놓았습니다.

"모든 생산수단은 모든 인간이 공동으로 소유해야만 한다."

그러면서 부자들은 재산을 쉽사리 포기하려 하지 않기 때문에 혁명이 필요하다고 했어요. 노동자계급(프롤레타리아)과 자본가계급(부르주아) 사이의 계급투쟁 말이지요. 마르크스에 따르면, 이 계급투쟁으로 소수인 자본가계급이 다수인 노동자계급에 의해 무너지고, 자본가의 재산은 공동체가 갖게 될 거라고 했어요. 또한 계급투쟁 초기에는 '프롤레타리아에 의한 독재'가 큰 목소리를 내지만, 결국 계급이 없는 사회, 즉 공산주의사회로 이어지게 되리라고 했지요.

마르크스는 자본주의에서 공산주의로 발전하는 과정에서 불가피하게 '사회주의'라는 과도적 단계가 있다고 했습니다. 사회주의사회는 생산수단이 공동의 소유이고, 경제를 공동체가 주도하지만, 아직 완전히 계급이 없어진 건 아니죠.

19세기에 러시아와 중국을 포함한 몇몇 나라에서는 마르크스가 주장한 혁명이 일어났어요. 그런데 그 혁명에서 단지 부자들의 재산을 빼앗기만 한 것은 아니었죠. 학자와 철학자, 작가와 언론인 등의 지식인 계층과 정치적 경쟁자들이 추방당하거나 감옥에 갇히거나 살해당했어요. 이오시프 스탈린(1879~1953년) 치하의 러시아에서만도 2000만 명에 이르는 사람들이 목숨을 잃었지요. 이런 엄청난 희생을 치르고서도 카를 마르크스가 꿈꾸었던 공산주의사회는 실현되지 않았습니다. 그 대신 찾아온 것은 독재였어요.

독일의 극좌주의자들

독일 연방헌법수호청은 독일에 약 2만 8500명 정도의 극좌주의자들이 활동한다고 추정합니다. 이는 2012년 이후 최고치예요. 거기에다 극좌주의에 공감하는 사람이 수십만 명가량 더 있다고 해요. 한 조사에서 독일 인구의 4퍼센트가량이 극좌주의적 견해를 어느 정도 지지한다고 드러났기 때문이지요.

자율주의 그룹은 무정부주의자들과 마찬가지로 국가권력과 자본주의가 없는 사회를 요구합니다. 무정부주의자에 비해 이념이 덜 분명하지만, 이들의 입장은 대부분 무정부주의자의 입장과 중복돼요. 특히 국가가 개개인의 발전을 방해하기에 국가가 없는 공간이 만들어져야 한다고 주장한다는 점에서요. 이를 위해 자율주의자들은 비어 있는 건물들을 점거하고, 그곳에서 새로운 형태의 공동생활을 실험하지요. 대표적인 곳이 바로 독일 함부르크의 대안문화센터 '로테 플로라'예요. 원래 극장이었던 곳을 이들이 점령해서 작전 본부이자, 상담소, 거주 공간으로 활용하고 있습니다. 자율주의자들은 독일 전역에 이런 공간을 많이 세우려고 해요. 그렇게 자신들이 꿈꾸는 '지배받지 않는 삶'을 전파하려고 하죠.

국가를 부정하기는 하지만, 자율주의 그룹의 많은 조직원들은 정부의 생활 보조금을 받아 생활해요. 그들은 정규직 일자리를

독일 함부르크에 위치한 '로테 플로라'. 출처: 위키피디아

거부하는데, 이는 자본주의에 대한 그들 나름의 저항 방식이죠.

또한 자율주의 그룹은 극우주의자와 세계화와 원자력발전에 반대하는 투쟁, 경찰과 맞서는 폭력시위에 적극적입니다. 극좌주의자들 사이에서 가장 폭력적인 단체예요. 방사성폐기물을 운반한다는 이유로 독일철도에 테러 공격을 가하고, 체류 허가를 못 받은 이민자들을 돌려보냈다는 이유로 공항을 공격하지요. 극단적인 경우에는 극우주의자나 경찰 등 목표로 설정한 사람을 살해하기도 해요. 이들에게 폭력은 목표를 달성하기 위한 수단일 뿐만 아니라, 일체의 권위를 부정하는 표현이기도 합니다.

좌파당의 몇몇 의원들은 2014년까지만 해도 연방헌법수호청의 감시를 받았습니다. 지금도 좌파당 내에는 극좌 성향의 소규모 조직들이 있어요. 사회주의사회 건설을 목표로 내세우는 이들은 자신들을 '마르크스주의 포럼', '사회주의 좌파', 또는 '공산주의 플랫폼'이라고 부릅니다. 좌파당은 2017년 독일 총선에서 9.2퍼센트의 득표율을 얻었어요. 이는 11.9퍼센트의 득표율을 얻었던 2009년 총선 이후 가장 좋은 결과였지요.

공산국가들의 극좌주의자들

중국, 북한, 쿠바, 베트남, 라오스는 현재 공산주의 정부가 들어서 있는 나라들입니다. 북한을 제외한 다른 나라들은 모두 자본주의 시장경제를 자신들의 공산주의 사회질서와 통합시키려고 노력하고 있어요.

도대체 극단주의가 뭐야?

북한은 현재 세계 전체에 가장 큰 걱정을 끼치고 있는 나라이지요. 북한 정부는 다량의 핵탄두와 미국까지도 위협할 정도로 사정거리가 긴 핵미사일을 보유하고 있습니다.

중국은 현재 공산주의 감시 국가라는 완전히 새로운 영역을 개척해 가는 중이에요. 중국 정부는 단계적으로 '사회 신용 시스템' 도입을 계획하고 있지요. 이 시스템에 따르면 국민들에게 점수가 매겨져요. 어떤 직업에 종사하는지, 어떤 친구를 만나는지, 얼마나 빨리 세금을 지불하는지, 어떤 책을 읽는지, 그리고 얼마나 법을 준수하고 정부의 요구에 순응하는지 등의 평가 기준에 따라서요. 이 점수들을 모두 합한 수치는 그 사람이 얼마나 좋은 사람인지 나쁜 사람인지를 나타낸다고 하죠. 그리고 이 점수에 따라 저마다 장차 어떤 집에 살게 될지, 어떤 직업을 갖게 될지, 어떤 사람과 결혼하게 될지, 비행기표나 다른 물건들을 사도 되는지, 초고속 인터넷을 이용해도 되는지, 세금을 덜 내도 되는지 등이 결정된다고 해요. 중국 정부에 따르면 중국 국민들은 2020년부터 모두가 이 사회 신용 시스템에 참여하게 된다고 합니다.

독일 외 유럽 국가들의 극좌주의자들

프랑스와 이탈리아의 '공산당'은 한때 선거에서 상당한 성과를 올리기도 했습니다. 프랑스 공산당은 1962년에서 1986년 사이 최고 22.5퍼센트에 달하는 득표율을 얻기도 했어요. 또한 1980년대에 프랑스에서는 좌파 테러단체가 활동했지요. '악시옹 디렉트'라는 이름의 이 단체는 제국주의 타도와 노동자계급의 보호를 모토로 내세우며, 정부와 경찰 그리고 민간인을 상대로 테러를 저질렀습니다. 이 단체는 1984년 정부에 의해 활동이 금지되었고, 그 후로 프랑스에는 이름을 거론할 만한 극좌 테러단체가 존재하지 않아요. 이탈리아 공산당은 1976년 총선에서 총 투표수의 3분의 1이 넘는 득표율을 올리기도 했어요. 하지만 지금 이탈리아에서 소규모 공산주의 정당의 후보자들이 선거에서 당선되는 경우는 거의 없습니다. 1970년대와 1980년대에는 이탈리아에서도 좌파 테러 조직인 '붉은 여단'에 의한 일련의 테러가 일어났어요. 2000년대에 들어와서도 몇 차례의 테러 공격이 발생했지요.

스웨덴은 유럽 남부의 일부 국가들과는 달리 세계경제 위기

세계의 극좌주의자들

공산주의 정부가 들어선 나라

극좌 세력이 약해져 가는 유럽 나라

의 영향을 그리 심하게 받지 않았습니다. 일자리가 많고 사회보장제도가 잘 갖춰져 있었기 때문이지요. 설문조사 결과에 따르면 덴마크, 핀란드와 더불어 스웨덴의 국민들은 유럽에서 가장 행복한 국민 가운데 하나예요. 삶의 만족도가 높은 사회에서는 극좌 조직의 활동이 어렵습니다. 바로 스웨덴이 그 좋은 예이지요. 하지만 스웨덴에도 극좌주의의 폭력에 동조하는 자율주의 그룹은 존재합니다.

스페인은 아주 오랫동안 극좌 테러와 싸워야만 했어요. 마르크스-레닌주의 지하조직인 '바스크 조국과 자유'가 스페인 북부에서 프랑스 남서부 지역에 이르는 바스크 지역에서 바스크 민족의 독립을 위해 50년이 넘도록 투쟁했기 때문이에요. 이 기간 동안 모두 864명이 살해되었지요. 2011년 10월 20일, 이 단체는 "모든 무장 활동은 끝이 났다."고 선언했습니다. 그 후, 이 단체는 스페인에 살고 있는 바스크인들이 더 많은 자치권을 갖도록 비폭력적인 방법으로 노력하고 있어요.

극좌주의자들의 공통점

좌파의 스펙트럼은 무척이나 다양해요. 그렇지만 다음과 같은 공통점도 존재합니다.

• 극좌주의자들은 사회를 근본적으로, 다시 말해 급진적으로 철저하게 바꿔 놓으려 합니다. 이런 의미에서 극좌주의자들은 스스로를 '급진 좌파'라고 부르며, '극단주의자'라는 호칭을 기피해요.

• 극좌주의자들은 모든 인간은 평등하다고 믿기에, 누구도 다른 사람보다 더 부자이거나 더 가난해서는 안 되고, 다른 사람보다 더 많이 일하거나 더 조금 일해서는 안 된다고 합니다. 그래서 이들은 계급 없는 사회를 건설하려 해요.

• 극좌주의자들은 국가가 한 사회의 사회적, 경제적, 문화적 영역을 모두 조정하고 규제해 왔다고 확신해요.

• 극좌주의자들의 견해에 따르면, 실제로 민주주의사회를 지배하는 것은 시민이 아니라 돈이나 많은 돈을 가진 부자들이에요.

극좌주의자들의 목표

모두 평등하게 일하고
평등하게 나눠 갖는다!

공동 분배

• 극좌주의자들은 국가와 경찰, 극우주의 그리고 대부분의 군대를 단호히 거부합니다.

• 동물과 환경의 보호는 극좌주의자들에게 아주 중요한 문제예요. 따라서 이들은 원자력발전소에서 나온 방사성폐기물의 운송을 차단하고, 대량으로 사육되는 동물을 풀어 줍니다.

• 극좌주의자들은 국제적인 연결망을 구축하기 위해 노력해요. 다른 나라의 무정부주의 조직, 공산주의 조직 그리고 자율주의 그룹 등과 긴밀한 관계를 유지하죠. 자본주의와 기존의 사회체제를 물리칠 전 세계적인 혁명을 꿈꾸고 있기 때문이에요.

• 서유럽의 극좌 조직은 대부분 여성운동이나 성소수자 운동 등 모든 인간의 동등한 권리를 지키려는 운동을 지지합니다. 그 밖에도 난민과 이민자 그리고 체류 허가를 받지 못한 사람들을 위해 적극적으로 활동해요.

극좌 조직에서 탈출하기

조직에서 탈퇴하려는 사람을 돕는 단체는 극좌주의자들에게도 도움의 손길을 건네요. 독일의 경우, 이들을 위해 국가나 시민 단체들이 나서고 있지요. 예를 들면, 연방헌법수호청의 '극좌주의 탈퇴 프로그램'처럼요. 그런데 이런 도움의 손길을 찾는 사람은 그리 많지 않은 편입니다. 그 이유는 아마도 극우단체의 탈퇴자와는 달리 극좌단체의 탈퇴자는 그렇게 심한 반대나 저항에 부딪히지 않기 때문인 걸로 보여요.

유토피아로 가는 길

함부르크에서 벌어진 G20 정상회담 반대 시위에서 알렉스는 마침내 경찰의 포위망과 최루탄을 뚫고 빠져나오는 데 성공했습니다. 동료들과 함께 경찰들을 피해 뒷골목을 돌고 돌아 로테 플로라가 있는 구역에 도착했지요. 그리고 이어지는 이틀 동안, 알렉스는 경찰과 수시로 맞붙어 싸웠어요. 거리를 차단하고, 바리케이드를 치고, 철판을 두른 경찰차에 돌과 화염병을 던졌습니다. G20 정상회담에 참석했던 각국의 정상들이 자기네 나라로 돌아가자, 알렉스도 집으로 돌아왔어요.

함부르크에서 경험했던 폭력에 알렉스는 놀라고 흥분했어요. 몇몇의 블랙 블록이 얼굴을 가렸다는 것을 구실로 삼아 시위 참가자에게서 집회의 자유라는 기본권을 빼앗아 가고, 곤봉으로 사람들을 마구잡이로 때렸던 경찰들 때문이었습니다.

알렉스는 30년 동안을 싸워 왔어요. 누구든 함부로 권력을 휘두르지 못하게 하기 위해, 정치인들이 시민들의 머리 꼭대기에 앉아 자기들 마음대로 결정 내리지 못하게 하기 위해, 그리고 언젠가는 정치인과 법치국가가 없는 사회를 이루기 위해서였습니다. 알렉스는 자신이 꿈꾸는 자유로운 사회가 비현실적인 유토피아, 다시 말해 좋지만 존재하지 않는 세상이라는 사실을 잘 알고 있어요. 그는 자신 있게 말합니다.

"현재의 사회에 만족하지 못한다면, 그와는 다른 사회를 만들려고 노력해야만 합니다."

알렉스는 조직에서 언제쯤 나가게 될지 아직 알지 못해요.

"세상이 지금보다 좀 더 정의로워질 때까지, 우리는 계속해서 싸울 겁니다. 시위를 하고, 또 시위를 하면서 말입니다."

더 나은 사회를 꿈꾼다면?

어느 누구도 다른 사람에게 함부로 권력을 휘두를 수 없는 사회, 누구도 더 부자이거나 더 가난하지 않은 사회, 모두가 평화롭게 어울려 살아가는 사회. 들어 보니, 극좌주의자들이 꿈꾸는 세상은 결코 나쁠 것이 없어 보여요. 그렇지 않나요?

하지만 그런 세상에서도 인간의 기본권이 제대로 지켜지고 모든 인간이 가능한 한 동등하게 대우받을 수 있도록 신경 쓰는 사람이 아무도 없다면, 힘없는 소수자들은 결국 무리에서 낙오되고 말 거예요. 소수자들을 보호하는 기능은 지배자가 없는 사회에서는 보장되지 않기 때문이죠. 최악의 경우에는 다시 힘 있는 누군가가 지배하게 될지도 모르고요. 그러므로 완전히 자율적이고 평등하며 자유로운 인간들이 만들어 가는 사회, 국가의 지배 없이도 제 기능을 발휘하고 모두가 사리사욕 없이 서로를 배려하는 사회를 이루기 위해 모든 사람이 힘을 합쳐 노력하지 않는다면, 무정부주의 · 공산주의사회는 '좋지만 존재하지 않는 유토피아'로 남을 테죠.

그렇다고 해서 자본주의 · 민주주의사회에 불의나 불공정 따위의 문제가 전혀 없다는 말은 아닙니다. 오히려 그 반대예요. 우리 사회에서도 무언가가 늘 어긋나거나 잘못되고 있죠. 겨울이면 노숙자들이 길에서 얼어 죽고, 난민들은 유럽의 국경지대에서 기다리다 지쳐 죽어 가요. 먹을 것이 없어 굶어 죽는 아이들이 있고, 여기저기서 노동자들은 착취당하고, 기업들은 엄청난 이윤을 챙기면서도 세금을 적게 내려고 온갖 교묘한 수단을 쥐어짜 내지요. 그렇기 때문에 민주주의사회의 폐해와 자본주의의 어두운 면을 비판하고, 대안이 될 만한 또 다른 삶의 방식에 관해 생각해 보는 것은 아주 중요합니다. 그렇게 할 때 비로소 사회가 발전할 수 있기 때문이에요.

4장
종교 극단주의

거의 모든 종교마다 종교 극단주의자들은 존재합니다.(150쪽 참조) 그런데 종교적인 이유로 일어난 극단주의적 폭력이 문제가 될 때면, '이슬람주의자'라는 말이 가장 자주 등장해요. 그들이 저지른 가장 유명한 사건으로는 바로 2001년에 미국 뉴욕에서 수천 명이 사망한 9·11 테러가 있어요.

테러를 일으킨 이슬람주의자들은 '서구 세계'와 맞서 싸운다고 합니다. 그런데 이들의 테러는 이슬람 국가들에서도 일어나요. 그렇다면 의문이 생기죠. 이슬람주의자들은 대체 누구와 맞서 투쟁하는 걸까요? 그들의 목표는 무엇일까요? 어떻게 하면 그들을 막을 수 있을까요?

린다라는 여자아이가 살아온 이야기는 이런 궁금증에 대한 몇 가지 답을 알려 줘요. 그리고 린다의 이야기는 극단주의적인 이슬람에 깊이 빠진 사람들에게 본보기가 될 것입니다.

10대 소녀 린다가 IS로 가기까지

린다는 열여섯 살이 채 되기 전에 중대한 결심을 했어요. 아주 멀리 떠나기로요. 모험을 하려 했던 걸까요? 아니면 절망에 빠져 다른 탈출구를 찾지 못해서였을까요? 아마도 멀리 떠나야 신을 더 잘 섬길 수 있다고 믿었는지도 모르겠습니다. 앞으로 어떤 일이 벌어질지는 아무도 몰랐어요. 단 하나 분명한 것은, 린다가 전쟁에 휘말리게 되었다는 사실이지요.

린다는 원래 평범한 10대 소녀였습니다. 독일 동부 도시 드레스덴 근처 작은 마을에서 자랐고, 성당에서 견진성사를 받았으며, 학교도 잘 다녔고, 수학과 화학과 물리 과목을 좋아했어요. 린다의 부모님은 린다가 평소 차분하고 밝은 성격이었다고 말했지요.

그러던 어느 날, 린다가 변하기 시작했어요. 2016년 초, 이슬람에 대해 관심을 보이면서부터였죠. 린다의 부모님은 그에게 『코란』을 사주었습니다. 린다는 독일에서 살고 있는 이슬람교도와 시리아 내전에 관한 뉴스를 즐겨 시청했어요. 페이스북에서는 이슬람주의자들과 채팅을 했지요. 한여름에도 늘 긴 옷만을 입었고, 2016년 여름의 라마단 기간에는 금식을 하느라 해가 뜰 때부터 질 때까지 먹을 것과 마실 것을 끊었습니다. 린다의 부

도대체 극단주의가 뭐야?

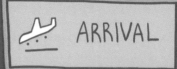

모님은 린다의 변화가 특별히 눈에 띄지 않았다고 말했어요. 그와 달리, 린다의 학교 친구들과 선생님은 그의 변화를 금세 눈치챘지요. 그렇지만 굳이 말을 꺼내지는 않았지요. 그런데 교장 선생님이 개입하고 나섰습니다. 린다뿐 아니라 부모님까지 같이하는 상담 시간을 잡은 거예요. 그때 린다는 이미 엄마의 사인을 위조해 터키 이스탄불행 비행기표를 구입해 놓은 상황이었어요.

2016년 7월 1일, 린다는 이스탄불로 가는 비행기에 올랐습니다. 그리고 이스탄불에서 이라크로 들어갈 계획이었어요. 바로 21세기 최악의 이슬람주의 폭력 집단인 IS의 근거지로요.

이슬람주의자는 누구일까?

이슬람주의자들은 7세기와 17세기 사이의 옛날로 돌아가기를 꿈꿉니다. 그때 이슬람 국가들은 강력했고 세계에서의 영향력도 상당했어요. 그들의 무역로는 세계 곳곳으로 퍼져 있었지요. 바그다드, 카이로, 튀니스에 있는 이슬람 대학교들에서는 당

도대체 극단주의가 뭐야?

시 가장 똑똑한 사람들이 모여 연구를 했고요. 굶주림과 전쟁과 전염병이 유럽을 뒤덮었을 때, 이슬람 국가들에서는 새로운 치료법을 연구하고 다른 나라들과 동맹을 맺으며 각종 향료와 직물 및 장신구 등을 무역했습니다. 지금도 많은 아랍 국가에서 그때의 화려하고 웅장했던 왕궁의 유적들을 찾아볼 수 있어요.

그 옛날과 달리, 오늘날 많은 이슬람 국가들은 정치적인 불안, 경제적 어려움, 뒤떨어진 기술 등의 문제와 맞닥뜨리고 있습니다. 많은 이슬람주의자는 자신들이 세계화와 서구 사회의 희생양이 되었다고 믿어요. 이슬람주의자들이 그렇게 생각하는 데에는 크게 두 가지 이유가 있지요. 서구 사회가 이슬람 국가들을 억압하고 희생시키며 점점 더 부유해졌다는 점과 이슬람 국가들이 서구화되면서 그들의 신인 알라에게서 멀어졌다는 것이지요.

이슬람주의자들에 따르면 딱 하나 해결책이 있습니다. 다시금 이슬람의 율법을 엄격히 지키고, 이 율법에 복종하지 않으려는 사람들과 맞서 싸워야 한다는 거예요. 이런 이교도와의 싸움을 이슬람주의자들은 '지하드Jihad'라고 불러요. 지하드의 뜻은 원래 '신에게로 나아가기 위한 노력', 즉 신의 율법에 따라 살기 위해 노력한다는 거예요. 신앙을 지키기 위해 싸우다 죽어 간 이슬람주의자들은 엄격하게 해석한 이슬람 경전과 교리를 추종하는 자들에 의해 '샤히드Shahid', 즉 순교자라고 불려요. 이 순교자들은 곧바로 천국에 들어간다고 하죠.

그러므로 이슬람주의자들은 이교도, 즉 대부분의 서구 사회와 그들의 법질서 그리고 민주 법치국가에 맞서 싸우는 사람들입니다. 이들은 오직 엄격한 이슬람 율법만을 따르는 사회질서와 국가체제를 건설하려고 해요.

엄격한 이슬람 국가에 사는 사람들에게는 이슬람의 율법인 '샤리아Sharia'가 적용됩니다. 샤리아는 『코란』과 선지자 무함마드의 삶에 관한 기록인 『하디스』로 전해 내려온 규칙들이에요. 아침에 눈을 뜬 뒤의 종교의식 같은 개인행동뿐만 아니라, 이혼이나 범죄에 관한 판결과 같은 공공질서 등 일상의 모든 것을 규정하지요. 그 규칙은 다음과 같아요.

• 가능한 한 동질적인 사회, 즉 모든 사람이 이슬람주의자들

의 엄격한 율법에 따라 사는 세상을 원한다.

• 여성의 임무는 아이를 낳고, 집안일을 하며 가족을 돌보는 것이다.

• 아내는 남편의 말에 순종해야 한다.

• 종교와 국가는 분리되지 않으며, 종교의 율법이 곧 국가의 법이다. 범죄에 대한 형벌로는 돌 던지기, 채찍질하기, 손과 발 자르기 등이 있다.

• 남자들은 선지자 무함마드처럼 수염을 깎지 않고, 장신구를 하지 않으며, 길고 헐렁한 옷을 입는다. 여자들은 머리에 히잡을 쓰고, 긴치마와 긴소매 옷을 입어야 한다.

• 부부 관계 외의 성행위는 일체 금지한다.

• 이슬람 신앙을 포기하거나 다른 종교를 받아들이는 것 또한 금지한다.

인권, 표현의 자유, 신앙의 자유, 국가와 종교의 분리, 남녀평등 등, 오늘날 우리 삶의 토대가 되는 것들을 이슬람주의자들은 모두 부정하는 거예요.

이슬람주의자라고 해서 목표를 이루기 위해 무조건 폭력을

쓰는 것은 아닙니다. 대부분은 정당이나 구호단체에서 활동하고, 강연을 하며, 책을 쓰고, 『코란』을 나눠 주면서 다른 사람들을 이슬람교로 개종시키려고 노력하지요. 일부 극단적인 이슬람주의자들만이 피비린내 나는 길을 걸으며, 이교도라고 여기는 사람들에게 폭력적으로 맞서는 거예요. 이런 사람들은 대부분 테러 공격도 마다하지 않아요. 그 대표적인 예가 바로 9·11 테러 사건이죠. 그 장면은 아마도 거의 모든 세상 사람들의 기억 속에 남아 있을 거예요.

또 다른 이슬람주의자들은 모든 사람이 무함마드의 율법을 지켜야 하는 이슬람 제국이 곧 결실을 맺을 거라고 외치고 있어요. 2013년과 2016년 사이, 세상에서 가장 난폭한 이슬람주의 단체가 시리아와 이라크의 드넓은 지역을 점령했습니다. 그리고 2014년 6월 29일에 점령 지역에서 신의 국가 '칼리파트^{Khalifat}'를 세웠다고 선언했지요. 이 단체는 오늘날 스스로를 이슬람국가, 즉 IS라고 불러요.

IS가 지난 몇 년 동안 점령했던 이라크와 시리아 지역에서는 여자들이 히잡을 쓰고 다녀야 했고, 여자아이들은 학교에 갈 수

2014년 6월, 퍼레이드를 벌이는 IS 군대. ⓒ연합뉴스

없었어요. 간음한 사람은 돌에 맞아 죽었고, 도둑질한 사람은 손이 잘렸습니다. 이교도로 추정되는 자는 목이 베이거나 총에 맞아 죽었고, 이교도 여자와 여자아이는 노예나 '아내'로 팔려 갔지요.

이처럼 혹독한 이슬람주의자들의 규율은 대부분 『코란』에서 유래해요.

도대체 극단주의가 뭐야?

『코란』을 입맛대로 해석하면

『코란』 번역본을 볼까요? 총 114장으로 이루어져 있네요. 쭉 훑다 보면, 이슬람주의자들의 이념을 지지하는 듯한 구절들이 눈에 들어옵니다.

이슬람이 유일하게 올바른 종교라는 내용이에요.

"그분이 복음과 진리의 종교를 선지자에게 보내어 그것을 모든 종교 위에 있도록 하시었으니, 불신자들이 또한 증오하더라." (9장 33절)

이교도에 맞서 싸워야만 한다는 부분도 있고요.

"예언자여, 불신자들과 위선자들에게 성전하며 그들에게 대항하라. 지옥이 그들의 안식처이며 종말이 저주스러우리라." (9장 73절)

여자들은 몸을 가려야 한다고도 하네요.

"믿는 여성들에게 일러 가로되 그녀들의 시선을 낮추고 순결을 지키며 밖으로 나타내는 것 외에는 유혹하는 어떤 것도 보여서는 아니 되니라. 그리고 가슴을 가리는 머릿수건을 써서 남편과 그녀의 아버지, 남편의 아버지, 그녀의 아들, 남편의 아들, 그녀의 형제, 그녀 형제의 아들, 그녀 자매의 아들, 여성 무슬림, 그녀가 소유하고 있는 하녀,

성욕을 갖지 못한 하인 그리고 성에 대한 부끄러움을 알지 못하는 어린이 외에는 드러내지 않도록 하라." (24장 31절)

이슬람주의자들은 『코란』의 이 구절들을 말 그대로 받아들입니다. 『코란』이 모든 시대에 걸쳐 모든 인간들에게 똑같이 적용돼야 마땅하다고 여기고요. 『코란』은 단어 하나하나 예언자 무함마드의 말 그대로를 담았기에 절대로 달리 해석되거나 변경되어서는 안 된다고 하죠.

옛 오스만 모스크에 있는 『코란』. ©Váradi Zsolt 출처 : 위키피디아

　　　　　　　　　　도대체 극단주의가 뭐야?

그런데 이들은 다음과 같은 구절은 못 본 척 무시합니다.

"주님의 뜻이 있었다면 지상에 있는 모두가 믿음을 가졌을 수도 있었으리라. 그대는 강요하여 백성들로 하여금 믿게 하려 하느뇨?"(10장 99절)

"이런 일로 말미암아 하느님은 이스라엘 자손에게 율법을 내렸나니, 타인과 그리고 지상에 아무런 해악을 끼치지 아니한 자 가운데 한 사람이라도 살해하는 것은 모든 백성을 살해하는 것과 같으며, 또한 한 사람을 구제하는 것은 모든 백성을 구제하는 것과도 같다 하였으매, 그리하여 선지자들이 말씀을 가지고 너희에게 오셨노라. 그 후에도 너희 가운데 대다수는 지상에서 과오를 저지르고 있더라."(5장 32절)

"적이 평화를 원한다면 너희도 평화를 추구하라. 그리고 하느님께 의탁하라. 실로 그분은 모든 것을 들으시고 모든 것을 아시는 분이시라."(8장 61절)

『코란』을 제대로 이해하기 위해서는 632년경에 무함마드가 활동했던 메카 지역에서의 삶이 어떠했는지를 알아야만 합니다. 그때 아라비아반도에는 다양한 민족이 살고 있었어요. 그 민족 가운데 일부는 동맹을 맺고 있었고, 나머지 일부는 계속

싸움을 벌였지요. 이 지역에서는 사막의 뜨거운 열기와 건조함 때문에 농사를 지을 수 없어서, 무역과 사막을 가로지르는 무역로가 아주 중요했습니다. 당시에는 히잡이 신분을 나타내는 일종의 표식이었어요. 자유로운 신분의 모든 여성은 히잡을 쓰고 다녔지요. 노예들은 히잡을 쓰지 않았고요. 원래 히잡은 여성을 억압하려는 수단이 아니었던 겁니다. 그렇다고 히잡이 종교적 상징이었던 것도 아니었어요. 이슬람이 널리 퍼지기 전, 초기의 이슬람교도들은 다른 종교 세력에게 박해당하거나 살해당할까 봐 두려움에 떨어야 했어요. 이런 상황에서 무함마드는 선지자

히잡이 전시되어 있는 진열대. ⓒDanny-w 출처: 위키피디아

　　　　　　　도대체 극단주의가 뭐야?

일 뿐만 아니라, 야전군 사령관이기도 했지요. 그러니까 『코란』에서 폭력을 쓰라고 한 건 적대적인 민족과 싸울 때를 이야기한 거예요. 이슬람교도가 아닌 다른 사람에게 폭력을 사용하라는 말은 아니죠.

이러한 이유로 많은 이슬람 학자들은 『코란』의 각 장들이 정확히 언제 어느 곳, 어떤 상황에서 계시되고 기록되었는지 연구하자는 제안에 적극 찬성합니다. 연구 결과에 따라 『코란』의 내용을 오늘날에 맞게끔 해석해야 한다고 하죠. 하지만 문제는 많은 이슬람주의자들이 이슬람과 이슬람의 역사를 좀 더 잘 이해하려는 연구를 불순한 의도가 숨겨진 '서구화'로 몰아붙인다는 거예요. 이슬람주의자들은 『코란』을 현대적인 방식으로 해석하려 하지 않습니다. 『코란』의 특정 부분을 문자 그대로만 이해하라고 고집하면서 『코란』을 악용하고, 린다와 같은 이슬람교도들을 꾀는 거예요.

린다가 『코란』을 읽어 본 적이 있는지는 알려져 있지 않아요. 린다처럼 비교적 짧은 기간에 아주 빠르게 급진화된 이슬람주의자들은 전혀 눈에 띄지 않고, 종교적이지 않은 삶을 살아온

『코란』을 입맛대로 해석하는 이슬람주의자들!

경우가 많지요. 대부분 『코란』과 『하디스』에 무슨 내용이 들어 있는지 잘 알지 못하고요. 그래서 어떤 전문가는 극단주의적인 이슬람을 종교라기보다는 일종의 청소년문화로 봅니다. 많은 젊은 이슬람주의자들은 IS 전사를 마치 슈퍼스타 대하듯 숭배해요. IS 깃발과 무기가 들어간 사진들을 자기 SNS에 올리기도 하고요. 쇼핑한 물건들을 인스타그램에 자랑하듯 말이죠. 그리고 이슬람 율법을 놓고 논쟁을 벌이기보다는, 그저 다른 이슬람주의자들의 말을 단순히 믿어 버려요.

가톨릭 성당에 다니던 평범한 여자아이에서 IS 전사의 아내가 된 린다와 같은 경우를 가리켜 이슬람 전문가들은 '원격조종에 의한 극단화'라고 부릅니다. 린다는 인터넷을 통해 이슬람주의자들과 접촉했고, 전혀 모르는 사람 말만 믿고 이라크로 떠났어요. 이처럼 인터넷, 특히 페이스북이나 트위터 같은 SNS에서는 새로운 추종자를 찾으려는 이슬람주의자들의 필사적인 노력이 펼쳐지고 있습니다.

이제껏 독일에서 1000명가량의 극단화된 이슬람교도들이 IS를 찾아갔어요. 그중 5분의 1 정도는 30세 이하의 여성들이었지요. 아마도 그들은 위험에 맞닥뜨렸다는 걸 알아채지 못했을 거예요. 훗날 그곳에서 탈출한 여성들은 IS 전사와 결혼하도록 강요받았고 학대당했으며 강간당했다고 말했어요. 그곳에서의 임무는 아기를 낳고, 집안일을 책임지며, 부상병을 돌보고, 전사나 자살테러범 훈련병인 남성들의 시중을 드는 것이었다고도 했지요. 지금까지 독일에서 IS로 간 150명가량의 사람들이 시리아와 이라크에서 살해당했습니다. IS로 간 사람들이 독일로 돌아오는 길은 결코 쉽지가 않아요. 특히나 여성이라면 거의 불가능에 가깝지요. IS 여자들은 혼자 여행할 수 없기 때문이에요. 누군가의 도움을 받는 것도 좀처럼 기대할 수 없습니다.

IS로 떠나갔던 사람들이 천신만고 끝에 다시 돌아온다고 해도, 결코 만만치 않은 어려움들이 그들을 기다리고 있어요. 경찰이 불법 테러단체에 가담한 죄로 수사를 벌일 테니까요. 게다가 주변 사람들은 그들에게 두려움과 의심의 눈길을 노골적으로 드러낼 거예요. 그들이 어쩌면 테러 공격을 준비하기 위해 돌아왔다고 생각할지도 몰라요.

린다의 이웃들 또한 그녀가 집으로 돌아오지 않기를 바랐어요. 린다가 어느 날 갑자기 자살폭탄테러범으로 돌변할까 봐 걱

"새 삶을 살고 싶다!"
"IS에 가입하겠다."

2005년 IS를 찾아 집을 떠난
18세 한국인 남성 김군.
1년도 안 돼 들려온 소식은….

행방 확인 불가.
사망 가능성.

정했거든요.

지난 몇 년 동안의 상황이 보여 주듯, 이슬람주의자들은 사회의 안전을 위협하는 실질적이고 구체적인 위험 요소입니다. 그들이 IS에 갔다가 돌아왔든, 아예 IS로 떠난 적이 없든 상관없이 말이지요. 2006년에서 2016년 사이, 유럽연합에서는 이슬람주의자에 의한 테러가 47건 발생했어요. 그리고 2016년 한 해 동안에만 테러로 140명이 목숨을 잃었지요.

이슬람주의 조직에서의 탈퇴

조직에서 탈퇴하기를 원하는 이슬람주의자들을 돕는 손길은 아직은 그리 충분한 편이 아닙니다. 독일에서 대부분의 탈퇴 지원 프로그램은 대도시에 집중되어 있고, 소도시에는 상담소조차 부족한 형편이에요.

이들 상담소들은 한때 이슬람주의자였던 사람들이 다시 일상적인 삶을 누릴 수 있게끔 도와줘요. 탈퇴하려는 사람들에게는 개인 상담과 집단 심리치료를 제공하고, 직장을 찾거나 집을 구하는 일을 도와주며, 엄격한 이슬람 율법에서 벗어나도록 안내하지요. 아울러 어떤 사람이 가족이나 학교 선생님과의 대화에서 위험할 정도로 급진화되었다는 사실이 분명해지면, 이들 상담소가 직접 개입하러 나서기도 합니다.

이슬람주의 조직에서 탈퇴했다고 해서 무조건 이슬람에게 등을 돌릴 필요는 없습니다. 이슬람 신앙 자체가 문제는 아니니까요. 진짜 문제는 이교도들을 모두 없애 버려야 한다는 급진적이고 과격한 성향일 뿐이죠. 이처럼 극단주의자들의 무리에서 빠져나오더라도 자신의 신앙을 계속 유지할 수 있다는 점 덕분에, 종교 극단주의자는 정치 극단주의자보다 조직에서 훨씬 쉽게 탈퇴할 수 있습니다. 물론 조직에서 탈퇴하려는 이슬람주의자들은 자신의 신앙을 객관적이고 비판적으로 바라보는 법을 배워야만 해요. 그래야 린다와 같은 실수를 저지르지 않을 테니까요.

이슬람주의 테러단체들

엄격한 이슬람교도들은 서구 사회에서의 삶이 마음에 들지 않는다고 말해요. 그럴 때 다시 이슬람 국가로 돌아가면 될 거 아니냐고 말할 수도 있을 거예요. 예를 들어 이슬람이 국교인 모로코, 이집트, 사우디아라비아, 이란으로 말이죠. 하지만 극단적인 이슬람주의자들은 대부분의 이슬람 국가들조차 지나치게 서구화되었다고 비난합니다. 어떤 이슬람 국가도 완벽하게 『코란』의 율법에 따라 살지 않는다고 하죠. 이집트, 시리아, 알제리 같은 많은 이슬람 국가들은 이런 극단적인 이슬람주의자들의 비난에 정면으로 반박하고 있어요.

그렇기 때문에 극단적인 이슬람주의자들은 이슬람 국가들과도 싸움을 벌이고 있습니다. 이슬람주의자들에 의한 테러는 대부분 다른 이슬람 국가들을 상대로 벌어져요. 이슬람주의자들의 테러에 가장 심하게 노출되어 있는 나라들은 이라크, 아프가니스탄, 나이지리아, 파키스탄, 시리아예요. 테러리스트들은 자신의 목숨을 희생시키면서까지 가능한 한 많은 사람의 목숨을 빼앗습니다. 2016년에 전 세계 테러의 4분의 3가량은 IS, '보코 하람', '탈레반', '알카에다'와 같은 이슬람주의 단체가 일으켰어요. 이들 네 단체 외에도 몇몇 다른 단체의 이름들이 뉴스에서 보도되곤 해요. 가장 잘 알려진 이슬람주의 테러단체로는 다음과 같은 것들이 있지요.

시리아와 이라크의 IS

얼마 전까지만 해도 시리아와 이라크에서 가장 강력한 영향력을 발휘했던 이슬람주의자 단체는 IS였습니다. 이들은 2014년 여름에 이라크의 광범위한 지역을 점령하고, 모든 사람이 엄격한 이슬람 율법에 따라 살아가는 신의 국가 '칼리파트'를 세웠다고 선언했어요. 그 후, 이집트와 튀니지 같은 다른 이슬람 국가들에 있는 단체들도 IS에 속한다고 주장하고 나섰습니다. 하지만 2017년, IS는 점령했던 지역 대부분을 쿠르드와 아랍 국가들의 군대에게 다시 빼앗겼어요. 그리고 2017년 가을에는 상징적 수도이자 마지막 근거지였던 시리아 북부의 도시 라카까지 시리아 민주군에게 잃고 말아요.

나이지리아의 보코 하람

'서양 교육은 죄악'이라는 뜻의 이름을 가진 테러단체 보코 하람은 2014년 4월, 나이지리아 북동부에서 200명도 넘는 여학생들을 납치했습니다. 그리고 같은 해, 그 지역에 신의 국가 '칼리파트'를 세웠다고 선언했어요. 보코 하람은 2001년에 결성되었으며, 현재 9000명가량의 전사가 소속되어 있는 것으로 알려져 있습니다. 납치된 여학생들의 절반가량은 이후 포로로 잡혀 있던 전사들과 맞교환되는 조건으로 풀려났어요. 하지만 보코 하람은 여전히 수백, 수천 명의 어린이들과 청소년들을 인질로 붙잡고 있지요. 지금까지 2만 명 이상의 사람들을 살해했고요. 이들을 피해 260만 명가량이 고향을 떠나 피난길에 올랐습니다. 2016년 12월 나이지리아 정부가 이들 조직을 완전히 제압했다고 발표했지만, 보코 하람은 여전히 테러를 저지르고 있어요.

아프가니스탄의 알카에다

'근본' 내지 '기초'라는 뜻의 이름을 내건 테러단체 알카에다는 2001년 9·11 뉴욕 세계무역센터 건물 테러로 잘 알려져 있습니다. 1980년대 말 이 조직을 처음 만들면서, 지도자 오사마 빈 라덴은 과거에 아프가니스탄에서 소련군(현재의 러시아)을 상대로 싸웠던 전사들을 다시 뭉치게 했어요. 이들이 공동으로 추구하는 목표는 모든 아랍 국가들을 전복시키고, 가능한 한 많은 이슬람교도들이 비이슬람 국가들에 정착하도록 하며, 미국의 영향력을 이슬람 국가들에서 없애고, 이스라엘을 무너뜨리는 것입니다. 미국은 십수 년 동안 알카에다와 싸우며 2011년에 지도자인 오사마 빈 라덴을 처단하기까지 했지만, 알카에다는 여전히 강력한 체제를 유지하고 있어요. 현재 시리아, 아프리카 일부, 예멘 그리고 아프가니스탄에서 활동하지요.

아프가니스탄의 탈레반

탈레반은 1990년대 말 이후로 알카에다를 지원했습니다. 탈레반은 지도자 무하마드 오마르의 지휘 아래 있는 다양한 집단으로 구성되어 있으며, 1990년대 말 이후로 아프가니스탄의 많은 지역을 지배하고 있어요. 이들이 통치하는 지역에서는 남자들이 수염을 길러야만 하고, 음악을 듣거나 텔레비전을 시청하거나 스포츠를 즐기는 것은 대부분 금지되어 있지요. 이를 위반하면 종교 경찰이 채찍형으로 처벌하거나 감옥에 가두고요.

그밖에도 여자들은 직업을 가질 수 없고, 여자아이들은 학교에 다닐 수 없어요. 2001년 9·11 테러 사건 이후, 미국은 탈레반에게 오사마 빈 라덴을 넘겨 달라고 요구했습니다. 하지만 탈레반은 거부했고, 미국은 곧바로 아프가니스탄으로 진격해 탈레반을 무너뜨렸어요. 그런데도 탈레반은 여전히 아프가니스탄의 넓은 지역을 지배하면서 인접한 국가인 파키스탄에서도 활동하고 있습니다. 그리고 이 두 나라에서 끊임없이 테러를 저지르고 있어요.

소말리아의 알샤바브

'알샤바브'라는 단어는 원래 '청춘'이라는 뜻이에요. 아무 문제도 없어 보이죠? 그런데 이 이름의 단체 알샤바브는 그렇지가 않아요. 이 단체는 2006년에 내전을 치르고 있던 소말리아의 질서를 회복시키고 새로운 정부를 군사적으로 지원하기 위해 결성되었어요. 하지만 새로운 정부를 세우겠다는 노력은 알샤바브가 결성된 해인 2006년, 미군에 의해 곧바로 무산되고 말았지요. 그 후로는 지하조직으로 변신해 투쟁하고 있습니다.

알샤바브는 주로 아프리카 대륙에서 일어나는 테러 사건과 관련되어 있어요. 2017년 10월, 소말리아의 수도 모가디슈에서 차량 폭탄테러로 500명 이상이 사망했어요. 2013년에 케냐의 수도 나이로비에 있는 쇼핑센터에서 일어난 테러에서는 알샤바브 소속의 전사가 『코란』을 외우지 못하는 사람들을 모두 총으로 쏴 죽이는 참사가 벌어졌지요.

알샤바브는 소말리아 및 그 주변 국가들에서 신의 나라를 세우기를 원합니다. 하지만 지금은 일부 지역만을 지배하고 있을 뿐이에요. 2011년에는 소말리아 수도인 모가디슈에서 쫓겨나기도 했고요. 하지만 모가디슈의 부유층 및 외국인 거주 지역을 중심으로 여전히 테러를 저지르고 있지요.

지금 많은 이슬람 국가에서는 극단주의자에 대한 저항이 거세지고 있습니다. 사람들이 더 이상 극단주의자들을 용납하지 못하는 거예요. 예를 들어 이집트에서는 유대교도나 기독교도를 이교도라고 부르지 못하도록 법으로 금지하고 있어요. 사우디아라비아에서는 2015년에 역사상 처음으로 여성들이 지방선거에서 투표를 하게 되었으며, 선거 후보자로 등록하는 것도 가능해졌지요. 또, 2018년부터는 여성들도 운전면허증을 딸 수 있게 되었고요. 이란과 다른 이슬람 국가에서는 청년층을 중심으로 점점 더 많은 사람이 엄격하게 이슬람 신앙을 해석하는 것에 등을 돌리고 있습니다.

이와는 반대로 급진화하려는 성향도 여전히 존재해요. 독일의 린다 같은 경우가 대표적인 예죠. 그런데 IS로의 여행은 린다가 상상했던 것처럼 흘러가지 않았습니다.

IS에서 린다의 최후

독일에서 출발한 지 한 달 후, 린다는 남동쪽으로 4000킬로미터쯤 떨어진 이라크의 도시 모술에 도착했어요. 곧 체첸 공화국에서 온 IS 전사와 결혼을 했지요. 그 남자는 린다와 결혼한 지얼마 지나지 않아 전쟁에서 죽고 말아요. 그렇게 린다는 남편을 잃은 채로 이라크에서 살았습니다.

2017년 7월, 이라크군은 모술을 점령해 IS로부터 해방시켰어요. 이라크 군인들은 곧바로 IS의 추종자들을 찾아내기 위해 도시 전체를 샅샅이 수색했지요. 린다는 구시가의 지하통로에 몸을 숨겼습니다. 그곳에 숨어 있는 여성들 중 독일 사람은 린다 뿐이고, 나머지는 모두 이라크나 시리아 여성들이었어요. 마침 내 이라크 군인들은 여성들이 숨어 있는 곳을 찾아냈어요. 그 들은 린다를 두고 포즈를 취하며 휴대전화로 사진을 찍어 댔고, 그 사진은 전 세계로 퍼져 나갔어요. 사진 속에는 헝클어진 긴 머리를 늘어뜨린 창백한 얼굴의 어린 여성이 앉아 있었습니다.

　며칠 후, 린다는 이라크의 도시 바그다드에 있는 어느 교도소 의무실에 앉아 있었습니다. 이라크의 여름은 한낮의 온도가 섭 씨 46도까지 올라가요. 린다의 허벅지에는 총에 맞아 난 상처로 붕대가 감겨 있고, 무릎에는 수류탄 파편이 하나 박혀 있었어 요. 원래 린다는 병원에서 치료를 받아야 했어요. 그런데 그곳 에서는 린다가 위험해질 수도 있었지요. IS의 공격에 부상당한 사람들도 치료를 받고 있었거든요. 부상자의 가족들이 린다에 게 앙갚음을 할 수도 있었던 거죠. 린다가 아직 어리지만 그들 의 적인 것만큼은 분명하니까요. IS의 여성들은 그 전사들을 지 원했고, 그중 어떤 여성들은 스스로 폭탄을 짊어지고 사람들 속 으로 뛰어들어 많은 사람을 죽이기도 했지요.

독일 연방정보부는 린다를 다시 독일로 데려오려고 했습니다. 하지만 린다는 당분간 이라크 교도소에 갇힌 채 재판을 받아야 했어요. 이라크의 법에 따르면 린다는 불법으로 이라크 국경을 넘은 죄만으로도 징역 3년 6개월의 처벌을 받아야 하고, IS에 가담한 일로는 심지어 사형을 당할 수도 있었지요. 독일에서는 검찰이 린다의 사건을 수사하기 시작했습니다. 그녀는 테러 단체에 가입하고, 테러를 모의했다는 혐의를 받았어요. 그리고 이 두 가지 혐의로는 형법상 기소할 수 있지요.

이제 린다는 IS에 가담했던 일을 진심으로 후회하고 있습니다. 다음과 같은 말을 남겼지요.

"전쟁이고 무기고 이제는 진저리가 나요. 이곳에서 겪었던 끔찍한 일들도 마찬가지고요. 이제는 그냥 집으로 가고 싶어요."

사람들은 누구나 삶의 의미를 찾습니다. 젊은 사람이라면 더더욱 그러하지요. 내 삶을 어디서부터 시작해야 할까요? 어떻게 하면 세상을 좀 더 나은 곳으로 만들 수 있을까요? 누가 내게 힘이 되어 줄 수 있을까요? 나는 누구를 모범으로 삼으면 좋을까요? 이슬람주의자들은 이런 질문에 아주 단순한 답을 내놓아요. 그들의 이념은 세상을 『코란』의 율법을 따르는 선한 사람과 거부하는 나쁜 사람으로 딱 잘라 나누기 때문이지요.

서구 사회를 향한 그들의 비판에는 고개가 절로 끄덕여지는 것들도 있어요. 사실 서구 사회는 지나칠 정도로 소비 중심적이잖아요. 경제 시스템은 종종 인간과 자연을 희생시키면서까지 성장에만 초점을 맞추고요. 많은 사람은 다른 사람들보다 조금이라도 더 잘살고, 더 아름답고, 더 성공해야 한다면서 스스로를 압박하지요. 가족끼리의 친밀함이 줄어들고, 많은 사람이 외롭다고 느낍니다.

단순한 삶은 가치를 잃었어요. 여기서 단순한 삶이란 가진 것에 만족하며 행복해하고, 서로를 아끼고 또 자연을 즐기며, 무언가를 계속 새로 증명하지 않아도 되는 삶이죠. 그렇기 때문에 우리는 이제 스스로에게 물어야 합니다. 우리가 중요시하는 가치는 무엇일까요? 우리는 어떻게 살아야 할까요? 진정 우리를 행복하게 하는 것은 무엇일까요? 그러나 이런 질문에 대한 답이 결코 극단주의적인 이념으로 연결되어서는 안 됩니다. 오히려 이 질문들은 우리가 사회적, 정치적 책임을 느끼고 모든 사람의 안녕에 보탬이 되는 행동에 나서도록 북돋아 줘야 해요.

또 다른 종교 극단주의

초정통파 유대교

요씨 야콥스는 어렸을 때 지중해에서 겨우 40킬로미터쯤 떨어진 곳에서 살았어요. 그런데도 바다에서 해수욕을 해 본 적이 없지요. 길거리에서 놀아 본 적도 없었어요. 다른 아이들이 노는 모습을 지켜볼 수밖에 없었지요. 나이를 먹으면서 여성과 데이트를 하고 싶었지만, 그 또한 금지되어 있었습니다. 요씨는

두루마리에 『토라』를 쓰는 초정통파 유대교도들. 출처: 위키피디아

도대체 극단주의가 뭐야?

초정통파 유대교, 다시 말해 매우 엄격한 유대교 가정에서 자랐기 때문이에요.

초정통파 유대교는 유대교 가운데서도 가장 극단적인 교파로 손꼽힙니다. 이들은 '하레디파'라고도 불려요. 초정통파 유대교는 유대교의 경전인 『토라』와 『탈무드』에 나와 있는 신의 계명을 평생토록 지키는 것을 최고의 가치로 내세우지요. 수천 년 전에 쓰인 이 613개의 계명을 현대의 삶에 그대로 적용시켜 한 치의 오차도 없이 지키고자 하는 거예요.

이 계명들은 아침의 첫 기도에서부터 자기 전의 밤 기도에 이르기까지 하루 전체를 일일이 규정하고 있어요. 현대의 영화와 음악 그리고 춤을 금지하고, 티셔츠와 반바지와 짧은 치마를 금지하지요. 또한 친척이거나 결혼한 사이가 아닌 남녀의 만남을 금지합니다. 남자들은 평생 경전을 공부해야 하고, 여자들은 가능한 한 많은 아이들을 낳고 돈을 벌어야 해요.

요씨는 초정통파 유대교도의 삶을 다음과 같이 말했어요.
"우리에게 삶은 아주아주 진지합니다. 신께서 좋아하시는 일만을 해야 합니다. 이런 요구는 어느 누구도 감당하기 힘들지요. 그래서 우리는 늘 죄를 진 것 같은 느낌을 안고 삽니다."

요씨는 유대인의 종교적 중심지인 예루살렘 근처에서 자랐습니다. 예루살렘에는 '통곡의 벽'이 서 있어요. 통곡의 벽은 유대교의 성지로, 2000년 전 고대 이스라엘 때 세운 유대교 제2성전의 서쪽 벽이에요. 전 세계에서 찾아온 유대인들이 이 벽 앞에서서 기도를 하지요. 지금 예루살렘에는 수많은 초정통파 유대교도들이 살고 있습니다.

예루살렘 통곡의 벽. 초정통파 유대교도들이 모여 기도하고 있다. ©David Shankbone 출처: 위키피디아

도대체 극단주의가 뭐야?

엄격한 신앙만이 한 사람을 종교 극단주의자로 만드는 것은 아닙니다. 거기에 민주주의사회와 인권에 대한 거부감이 더해질 때 비로소 극단주의라고 말하는 거죠. 초정통파 유대교가 바로 그런 예예요. 초정통파 유대교도들 가운데 얼마나 많은 사람이 자신들의 도덕적인 가치관과 신념을 위해 사회와 맞서 싸우는지는 어림잡기 쉽지 않아요. 그렇지만 열린 사회나 남녀평등에 대해 소리 높여 반대하고, 심지어 신념에 따라 누군가를 죽이는 초정통파 유대교 교인들이 점점 더 많이 눈에 띈다는 점은 확인할 수 있지요.

2015년 여름, 한 초정통파 유대교도가 예루살렘에서 열린 성소수자들의 퍼레이드에서 여러 사람을 칼로 찔렀고, 열여섯 살 소녀를 살해했습니다. 그 소녀는 동성애자 친구들과 연대하기 위해 퍼레이드에 함께하던 중이었지요. 초정통파 유대교는 동성애자로 사는 것을 엄격히 금지합니다. 2017년 여름에는 초정통파 유대교도들이 이스라엘 군인들을 수차례 공격했어요. 특히 초정통파 유대교 출신의 군인들을요. 초정통파 유대교도들은 유대인 국가를 부정하고 병역의 의무를 거부하는데, 이를 배반했다는 이유에서였지요. 그들은 모든 권위가 오직 신에게서만 나온다고 굳게 믿습니다. 따라서 유대인 국가는 메시아가 오신 다음에야 비로소 존재할 수 있다고 믿어요. 그밖에도 그들은 이스라엘이 남녀유별의 계명을 엄격하게 지키지 않고 있다고 비난해요.

초정통파 유대교도는 온건한 성향의 유대인들보다 훨씬 더 많은 아이를 낳습니다. 그리고 자신의 아이들에게 급진적인 신념을 가르쳐요. 그래서 이스라엘에는 극단주의적인 유대인이 점점 더 많아지고 있고, 아울러 그 지역의 긴장과 갈등도 더 커져 가고 있습니다. 하지만 이러한 상황 또한 바뀔 수 있어요. 그러기 위해서는 초정통파 유대교도 가정의 아이들이 부모의 영향력에서 벗어나 자신들만의 길을 찾아 나서야 하겠죠.

요씨도 그렇게 하기를 원했어요. 초정통파 유대교 집단에서 빠져나오려 한 거예요. 하지만 그가 선택한 길 또한 극단적이었지요. 스물두 살이 되던 해, 요씨는 자신의 손목을 그었습니다. 자살 시도 후 3년이 지나서 요씨는 이렇게 말했어요.

"나는 그냥 무너졌어요. 모든 게 견딜 수 없을 만큼 무겁게만 느껴졌거든요. 모든 게요."

기독교

기독교에도 극단주의적인 교리를 전파하고, 이교도나 다른 종파의 기독교인에게 폭력을 휘두르는 집단들이 있습니다. 자신들의 종교적인 계율을 따르지 않는 모든 사람에게 폭력을 휘두른나는 점에서는 기독교 극단주의자와 이슬람주의자들 사이에 별 차이가 없어요. 신앙의 자유나 인간의 평등과 같은 기본권에 반대하고 유대교도와 이슬람교도 그리고 동성애자에 반대하는 집단부터 시작해, 무기와 폭력을 사용해 기독교도만의 신의 국가를 건설하려는 집단에 이르기까지, 극단주의적인 기독교 집단의 범주는 아주 다양해요.

성 비오 10세회는 교회의 전통적 가치를 고집하는 가톨릭 단체예요. 이들은 여성이 가정을 돌보고 아이를 키우는 것 외에 다른 것들을 배워서는 안 된다고 주장합니다. 그밖에도 동성애에 대해 반대하고, 유대인 집단학살과 다른 종교를 부정해요. 이 단체는 1970년 프랑스의 마르셀 르페브르 주교(1905 – 1991년)

가 종교의 자유를 인정하고 개신교 등 다른 종교와의 협력을 권장하는 제2차 바티칸 공의회(1962－1965년)의 결정에 반대하기 위해 만들었어요. 이들은 가톨릭교회의 현대적 계율을 지키지 않거나 바티칸 교황청의 허락 없이 사제를 임명하는 등, 가톨릭교회와 여전히 마찰을 빚고 있습니다.

미국에는 기독교 우파라는 이름으로 알려진 아주 강력한 기독교 극단주의 운동이 존재합니다. 이 집단에는 다양한 조직과 단체들이 속해 있어요. 특히 1990년대부터 동성애자의 권리를 극렬하게 반대해 온 웨스트보로 침례교회가 유명하지요. 이 교회의 구성원들은 동성애자의 장례식을 방해하거나, 심지어 죽은 사람을 조롱하기까지 했어요. 기독교 우파의 추종자들은 오직 성경과 기독교의 계명에만 따르는 사회를 건설하기 위해 투쟁합니다. 그런 이유에서 낙태에 반대하며, 진화론과 같은 자연과학의 이론이나 지식을 받아들이지 않아요. 또한 성경의 복음을 역사적인 맥락을 살펴 이해하려는 태도를 거부하지요.

신의 저항군은 우간다에 기독교 하나님의 국가를 건설하겠다는 목표 아래 1987년 우간다 북부에서 결성된 군사 집단입니다. 이들의 우두머리인 조지프 코니는 자신을 메시아라고 말해요.

이들은 2005년까지 주로 우간다 북부에서 위세를 떨쳤고, 그 후로는 수단 남부와 중앙아프리카공화국과 콩고민주공화국에서 살인, 방화, 약탈, 강간, 납치 등 온갖 악행을 저질렀어요. 그동안 1만 명도 넘는 사람을 살해했으며, 그들을 피해 수십만 명이 살던 마을에서 도망쳤습니다. 조지프 코니는 전쟁범죄와 반인도적범죄 혐의로 2005년 국제형사재판소[ICC]에 의해 기소된 뒤 공개 수배되었습니다. 주변의 아프리카 국가들은 국제사회의 지원을 받으며 1990년대 이후 연합군을 결성해 신의 저항군 토벌 작전에 나섰고요. 현재 이들 단체의 전사는 100여 명에 불과한 것으로 알려져 있으며, 조지프 코니는 여전히 도피 중이에요.

아시아의 종교들

여러분은 힌두교와 불교에도 극단주의자들이 있다는 사실에 깜짝 놀랄지도 모르겠습니다. 이 두 종교는 보통 평화적이고 관용적이라고 알려져 있기 때문이죠. 하지만 인도의 힌두교도 점점 정치화되어 가고 있기에 극단주의자들이 있습니다.

힌두교 극단주의자들은 주로 기독교나 이슬람교 등 다른 종교인들을 향해 폭력을 행사하지요. 이들이 그러는 데에는 나름 역사적 배경이 깔려 있습니다. 8세기에 이슬람 전사들은 인도의 광범위한 지역을 정복했고, 그곳 주민들에게 이슬람으로 개종하라고 강요했어요. 인도 사람들은 그때의 일을 지금까지도 기억하는 것이죠.

수백 년이 흐른 뒤, 인도는 영국의 식민지가 되었습니다. 19세기에는 식민지지배 세력에게 저항하며 힌두교 민족국가를 건설하려는 정치세력이 생겨났고요. 그 결과 1960년대에서 1980년대 사이, 다양한 힌두교 폭력 단체가 생겨났습니다. 이들 단체 또한 종교적인 계율을 우선시하는 순수한 인도인만의 힌두교 민족국가를 건설하고자 했어요. 그들의 요구 중 많은 부분은 이미 이루어졌지요. 그래서 인도 연방의 몇몇 주에서는 힌두교도가 아닌 사람들에게도 소를 죽이는 것이 금지되어 있어요. 소는 힌두교에서 성스러운 존재이기 때문이죠. 인도의 헌법에는 종교의 자유가 명시되어 있습니다. 하지만 극단주의적인 힌두교도들은 힌두교도가 아닌 사람들도 힌두교의 계율을 지켜야만 한다고 주장해요.

다수의 힌두교도와 소수의 이슬람교도 사이에서는 끊임없이 폭력을 동반한 갈등이 일어나고 있습니다. 2002년 초, 인도 북

도대체 극단주의가 뭐야?

부 소도시 아요디아에 있는 사원을 둘러싸고 힌두교도와 이슬람교도의 해묵은 갈등이 고조되었어요. 힌두교도들은 힌두교의 신이 태어났다고 전해지는 그곳에 사원을 세우려고 했어요. 하지만 그곳에는 이미 수백 년 동안 이슬람 사원이 자리하고 있었지요. 결국 1992년에 급진적인 힌두교도들은 이슬람 사원을 파괴했습니다. 그 후로 점점 더 많은 힌두교 순례자들과 시위대들이 힌두교 사원을 세워야 한다면서 아요디아로 찾아왔고요. 그러다 2002년에 힌두교 순례자들과 시위대를 태운 기차가 불에

인도 북부에 위치한 아요디아 사원. ⓒ연합뉴스

타는 일이 벌어진 거예요. 성난 힌두교도들은 이슬람교도들을 공격했고, 그로 인해 2000명가량이 사망했어요. 사망자 대부분은 이슬람교도였습니다. 힌두교도들이 타고 있던 기차의 화재가 정말로 고의적인 방화 때문인지, 아니면 단순한 사고였는지는 지금까지도 밝혀지지 않았어요.

불교도들이 폭력을 쓴다면, 그 뒤에는 정치적인 이유가 숨어 있는 경우가 많습니다. 그 대표적인 사례가 불교 승려들이 중국의 점령에 맞서 투쟁하는 티베트죠. 그밖에도 중국과 일본에는 몇몇 폭력적인 불교 조직이 있어요. 스리랑카와 미얀마에서는 불교 승려인 아신 위라투와 그의 무장 세력인 '보두 발라 세나'가 이슬람교도들을 상대로 불매운동 등을 선동하며, 폭력을 쓰기까지 해요.

불교 승려는 정치적인 활동을 해서는 안 돼요. 불교를 창시한 석가모니가 평생 속세를 등지고 영적인 삶을 살았던 것처럼요. 그런데 불교 극단주의자들은 살아 있는 생명을 죽여서는 안 된다는 불교의 가장 핵심적인 가르침마저도 지키지 않아요. 그들이 휘두르는 폭력의 희생양은 거의 대부분 이슬람교도예요. 이슬람교도들이 불교도들을 지배했을 때 이슬람교로 개종하라고 강요했기 때문이죠. 그 이후로 불교 극단주의자들은 자신들의 나라에 살고 있는 이슬람교도들을 가장 큰 위협으로 여겨요. 국민들의 대다수가 불교도인 미얀마에서는 소수 이슬람교도인 로힝야족이 수십 년째 엄청난 박해를 받고 있습니다. 2017년 여름에는 로힝야족 27만 명이 불교도들의 무자비한 탄압을 피해 고향을 버리고 피난길에 오르기도 했어요.

사이언톨로지교

사이언톨로지교는 사이비 신흥종교 단체로 분류됩니다. 이들에 따르면 '사이언톨로지'의 뜻은 '진리 탐구'예요. 이 종교는 1954년에 미국의 작가인 L. 론 허버드가 만들었어요. 이들 조직은 전체주의적인 성향을 띠지요.

사이언톨로지교에서는 인간이 무한한 능력을 지닌 '불멸의 영적 존재'라고 믿습니다. 일반 신자들에게서 이러한 능력을 일깨우기 위해, 지도급 신자와의 정기적인 대화나 강좌를 열어요. 이 종교는 신자들을 영적인 깨달음, 개인적인 자유 그리고 행복으로 이끌려고 하지요.

사이언톨로지교도들은 무료 성격 테스트를 해 준다면서, 또는 마약 문제나 인권 문제에 대한 정보를 준다면서 사람들을 끌어모읍니다. 게다가 마약 퇴치나 범죄 방지 단체로 위장해서 새로운 신자들을 끌어들이려고도 해요. 그런 단체 뒤에 사이언톨로지교가 숨어 있다는 사실은 한눈에 알아차리기가 쉽지 않지요. 사이언톨로지교는 이렇게 끌어모은 사람들의 이름과 주소를 수집한 다음, 그들에게 자신들의 종교를 홍보해요. 특히 젊은 층을 공략하면서 홍보 책자인 『행복해지는 길』을 학교에 배포하기도 합니다.

사이언톨로지교 가입은 아주 간단하지만, 탈퇴는 아주 어려

미국 시애틀의 한 길거리에서 새로운 신자들을 모으는 사이언톨로지교. '스트레스 테스트'라는 홍보 문구가 눈에 띈다. ©Tom Harpel 출처: 위키피디아

위요. 탈퇴한 사람들은 협박을 받고, 그동안 사이언톨로지교에서 제공받은 이런저런 혜택에 대한 고액의 청구서를 받게 되며, 그밖에도 온갖 압박에 시달리기 때문이에요.

전문가들은 사이언톨로지교를 일종의 기업으로 봐요. 종교라는 껍데기를 썼지만 사실 이들이 신자들에게서 원하는 건 단하나, 돈이지요. 신자들은 사이언톨로지교가 개최하는 '자기 극대화' 강좌를 듣기 위해 수강료를 지불하거든요. 그렇다고 해도 사이언톨로지교를 극단주의 단체로 규정하느냐에 대해서는 논란의 여지가 있습니다. 사이언톨로지교에 가입하는 사람들은 무엇보다도 자기 자신을 '극대화'시키기를 원하지, 기존 사회를 부정하거나 그에 맞서 싸우려는 게 아니기 때문이지요. 하지만 단체로서의 사이언톨로지교는 분명 사회를 변화시키려 하고, 기존의 사회질서를 엎고 사이언톨로지의 질서로 대체시키려 해요. 이러한 사이언톨로지 사회에서 인권은 누구에게나 보장되지 않을 것입니다. 사상의 자유와 언론의 자유, 민주주의와 권력분립은 폐지될 것이며, 그에 반대하는 사람들은 심한 박해를 받을 거예요.

그런 이유로 독일에서는 1997년부터 사이언톨로지교의 활동을 규제하고 있습니다. 그런데 그사이 몇몇 주에서는 감시를 중단했어요. 사이언톨로지가 더 이상은 1990년대처럼 커다란 영향력을 발휘하지 못하며, 그보다는 다른 극단주의 단체를 감시하는 게 더 시급하다고 판단했기 때문이지요.

종교 극단주의에서 빠져나오면?

조직에서 빠져나온 극단주의자들은 종종 삶을 180도로 바꾸고 이전과는 완전히 반대되는 성향을 갖게 됩니다. 예를 들어 사탄을 숭배했던 사탄주의자들은 기독교인이 되고, 사이언톨로지교 신자는 무신론자가 되지요. 그럼 어려서부터 초정통파 유대교인으로 자랐던 요씨는 어떻게 되었을까요?

요씨는 어려서부터 학교 교과목 대신 성경을 공부해야 했고, 한여름에도 검은색 정장을 입고 챙이 넓은 모자를 써야 했으며, 낯선 여성은 쳐다볼 수도 없었지요. 그런데 자살을 시도한 뒤 분명하게 깨달았어요. 이제라도 빠져나오지 않는다면 초정통파 유대교의 엄격한 규율에 짓눌려 끝내 망가질 게 틀림없다는 것을요.

요씨는 초정통파 유대교에서 벗어나고자 하는 이스라엘인들을 돕는 단체, '힐렐'을 찾았습니다. 그렇게 현대 생활로 가는 길이 열리기 시작했어요. 『토라』를 읽는 대신 자동차 수리를 배웠고, 시커먼 정장 대신 보라색 청바지에 핑크색 티셔츠를 입었지요. 그러면서도 그는 여진히 유대교의 신올 믿고 있습니다.

어떻게 종교가 극단적일 수 있을까?

어떤 종교를 믿는 신자 개개인 뿐만 아니라 종교 공동체 전체가 극단주의적일 수 있습니다. 특히 사이비종교일 경우에는 더욱 그래요. 이들 단체들은 다른 세계관을 일체 허용하지 않고, 남녀평등, 표현의 자유, 종교나 생활 방식을 선택할 수 있는 자유 같은 기본 원칙들을 부정하지요. 그리고 다른 종교인이나 종교가 없는 사람들을 무시하고 차별하며, 심지어는 그들에게 폭력을 휘둘러요. 때로는 자기들 종교의 추종자조차 억압하기도 합니다.

세상의 거의 모든 종교에 극단주의 성향이 존재한다는 사실은 세상을 단순히 선과 악으로 나눌 수 없다는 점을 여실히 보여 줘요. 편협하고 급진적인 견해는 가장 평화적이라고 주장하는 종교 단체에서도 나타날 수 있지요. 입으로 평화와 관용을 말한다고 해서 실제로 평화를 사랑하는 것은 아닌 거죠. 겉으로 보이는 게 전부는 아닙니다. 그렇기 때문에 종교 단체가 내놓는 세계관과 규율을 하나하나 꼼꼼히 살펴보는 게 중요해요.

5장

극단주의 대처법

극단주의자는 어떻게 알아볼까?

극단주의자들로부터 사회를 보호하기 위해서는 먼저 누가 극단주의자인지부터 알아야만 합니다. 그러기 위해서는 극단주의 단체에 대해서 어느 정도 알고 있어야만 해요. 이런 역할은 국가기관이 해야 하죠. 그런데 극단주의 단체에 관한 별다른 전문 지식이 없더라도 극단주의자를 알아차릴 수 있는 사람들이 있어요. 바로 그의 친구, 가족, 동료 들이에요. 극단화되어 가는 사람의 전형적인 특징으로는 다음과 같은 것들이 있습니다.

• 생활 방식이 갑자기 변해요. 예를 들면, 돼지고기나 술을 아예 입에 안 대는 등 식습관이 바뀐다거나, 평소 좋아하던 취미 생활을 더 이상 즐기지 않습니다. 어느 날 갑자기 머리에 스카프를 두르거나 바지 또는 발목까지 내려오는 긴치마만 입는 등 완전히 다른 옷차림을 해요. 그리고 자신의 예전 생활 방식을 두고 갑자기 나쁘다거나 심지어 '사악하다'고 표현하지요.
• 대학 졸업장, 스포츠에서의 뛰어난 성과 등 애써 노력해 왔던 것들을 갑자기 아무 가치도 없는 것이라고 깎아내려요.

• 갑자기 평소와는 많이 달라진 태도를 보여요. 이성에게 인사할 때 악수하는 걸 꺼린다거나, 외국인에 대해 이야기할 때 유난히 경멸하는 듯한 태도를 보인다거나요.

• 친구들과의 만남이나 가족과의 관계가 끊어지고, 극단주의적으로 보이는 새로운 친구들과 새로운 주변 환경이 삶의 중심을 이뤄요. 극단주의적인 견해를 드러내는 새로운 파트너가 커다란 영향을 끼치는 경우도 종종 있습니다.

• 지나치다 싶을 만큼 세상을 선과 악의 이분법으로 바라봅니다.

• 정치적이거나 종교적인 입장에 대한 비판에 격한 거부 반응을 보여요. 자신을 비난하는 사람은 거의 다 적으로 여기지요.

• 새로이 갖게 된 신념에 대해 말할 때면, 점점 더 공격적인 표현을 즐겨 써요.

• 학교 성적이 갑자기 뚝 떨어져요. 자본주의적이고 믿음이 없는 사회에 더 이상은 신경 쓰고 싶지 않아서예요. 물론 단순히 다른 일에 관심이 생겨서일 수도 있지요.

• 가장 확실한 징후는 온라인이나 오프라인에서 극단주의적인 표현을 하는 것입니다.

진짜 중요한 점은 외모나 출신지만으로는 다른 누군가의 입장이나 생각에 관해 거의 아무것도 알아낼 수 없다는 사실입니다. 기도 모자나 히잡을 쓰고 있다거나, 아랍에서 왔다는 이유만으로 누군가를 극단주의자로 여기는 것은 너무 성급하고 어리석은 짓이에요. 의심받고 있다는 느낌, 사회에서 받아들여지지 않는다는 느낌이야말로 오히려 누군가를 극단주의라는 늪으로 몰아넣지요.

이런 사실은 2001년 9·11 테러가 벌어지고 난 후, 미국의 조지 W. 부시 대통령이 선언했던 '테러와의 전쟁'에서 아주 극명하게 나타났습니다. 선언 직후, 미군은 아프가니스탄과 이라크를 공격했어요. 그 전쟁은 전 세계에 퍼져 있던 테러를 몰아내기는커녕, 오히려 테러에 불을 지피는 꼴이 되었지요. 아프가니스탄과 이라크는 더욱 심한 혼돈에 빠졌고, 그곳에 살던 사람들은 전쟁을 피해 유럽과 미국으로 도피했습니다. 그리고 미국 국무부에 따르면 외국인 테러단체의 숫자가 2002년 이후 오히려 두 배로 늘어났다고 해요.

극단주의자에 대한 무자비하고 강압적인 대처 방식은 결코 근본적인 해결책이 아닙니다. 그렇다면 어떻게 해야 할까요? 국가와 국가기관은 극단주의에 어떻게 대처해야 할까요?

국가가 극단주의에 맞서 하는 일

국가는 민주주의를 지키기 위해 극단주의자가 테러를 저지르기 전부터 법적조치를 취할 수 있습니다. 아직 계획조차 세워지지 않은 극단주의자의 범죄행위를 사전에 저지한다는 거의 불가능한 임무를 수행해야 하죠. 이를 위해 국가는 수년 동안 눈에 띄지 않게 살다 갑자기 테러 공격을 하는 개개인에 대해서도 적절히 대처해야만 해요.

독일은 나치 시대의 경험으로 특히 극우주의에 주목합니다. 나치당의 만卐 자 문양, 히틀러식 경례 등의 상징들을 법으로 금지하고 있어요. 나치의 범죄를 부정하거나 외국인 및 소수자에 대한 증오를 선동하는 행위, 특히 법으로 금지된 정당이나 단체를 지원하는 행위를 금지하지요. 경찰은 이런 혐의가 있을 때 극단주의 단체를 불시에 단속하고, 그 단체의 돈이나 소유물을

압수합니다. 그밖에도 테러단체를 결성하거나, 외국에 있는 테러단체를 지원하는 행위 또한 금지해요. 폭력을 조장하거나 범죄를 모의하기 위해 누군가와 접촉해도 처벌할 수 있고요. 예를 들어 폭탄 제조법을 인터넷에서 다운로드받은 사람은 3년 이하의 징역형에 처할 수 있지요.

극단주의적인 범죄를 사전에 방지하기 위해 독일에는 다양한 국가기관들이 설치되어 있어요. 연방 및 각 주의 헌법수호청은 극단주의 단체와 그들의 활동에 관한 정보를 수집하고 평가합니다. 연방경찰은 테러나 정치범죄를 수사해요. 연방정보원은 외국으로부터 독일의 안전을 위협할 수 있는 위험에 관한 정보를 수집하고요. 이들은 정보를 교환하며 극단주의자에 대처하기 위해 서로 협력해요.

종교 극단주의에 대처하기 위해 독일 정부는 여러 가지 대책을 마련해 놓고 있습니다. 이슬람주의자의 테러 가능성이 지난 몇 년 사이 크게 높아졌기 때문이에요. 이슬람주의자의 테러는 일반적으로 개인이나 소규모 집단에 의해 일어나요. 따라서 이들을 감시하기는 그만큼 어렵지요. 독일 정부는 이슬람주의자

대한민국 극단주의 국가 행동 계획

	내용	담당 부서
행동계획1	대화와 소통 문화 정착을 위한 기반 조성	문체부 · 국민권익위
행동계획2	인권 보호 · 증진을 위한 정책 모니터링 및 환류 강화	법무부
행동계획3	지역 공동체 예방 치안 강화	법무부 · 경찰청
행동계획4	국외 폭력적 극단주의 유입 차단	법무부
행동계획5	재한 외국인의 국내 적응 지원	교육부 · 법무부 · 고용노동부 · 여성가족부
행동계획6	취약 계층에 대한 사회 보장	보건복지부
행동계획7	폭력 피해자 치유 및 가해자 교정	교육부 · 법무부 · 여성가족부
행동계획8	청소년 대상 공동체 및 생명 존중 의식 함양 교육	교육부 · 여성가족부
행동계획9	취약 청소년의 사회 적응 지원	여성가족부
행동계획10	양성 평등과 여성의 참여 증진	여성가족부
행동계획11	청년 고용 촉진 및 창업 지원	고용노동부
행동계획12	세계시민교육을 통한 공동체 인식 제고	교육부 · 외교부
행동계획13	군복무 장병에 대한 폭력적 극단주의 예방 교육	국방부
행동계획14	민관 협력을 통한 건전한 인터넷 환경 조성	방송통신위
행동계획15	테러단체의 ICT 악용 방지를 위한 역량 강화	외교부
행동계획16	인터넷 문화 개선을 위한 활동 장려	방송통신위

출처: 〈폭력적 극단주의 예방을 위한 국가행동계획〉 대테러센터관계부처합동 2018.01

들의 테러를 사전에 방지하기 위해 다음과 같은 조치들을 취하고 있어요.

- 비디오 감시
- 요주의 인물들의 정보를 담은 데이터뱅크 구축
- 정보기관들의 긴밀한 협력
- 외국계 시민의 단체활동 감시
- 강제 추방 절차 간소화

하지만 많은 정치인과 시민들은 이슬람주의자들의 위협에 맞서 보다 강력한 대책을 마련하라고 촉구해요. 그중 가장 많이 나오는 요구 사항은 다음의 두 가지예요.

- 전자발찌: 테러 용의자의 발에 GPS 송수신기를 부착하라는 거예요. 그러면 용의자가 어디에 있는지 수시로 위치를 확인할 수 있고, 범죄를 저지를 가능성이 있다면 언제라도 체포할 수 있지요.
- 예방 구금: 아직 범죄를 저지르지 않았다 하더라도 위험하

다고 판단된다면 구치소나 교도소에 감금하라는 것입니다.

그런데 이 두 가지 요구는 많은 비판을 받고 있어요. 어느 누구에게도 아직 저지르지 않은 죄를 물어 처벌하거나 신체적인 자유를 제한할 수는 없기 때문이에요. 이런 조치로 억압받은 사람이 누군가를 해칠 수도 있지요. 이를테면 자신을 억압했다고 보여지는 사람을요.

이처럼 극단주의에 대처할 다양한 조치가 있다는 것은 아무런 죄가 없는 사람들마저도 지나치게 감시받을 수 있다는 사실을 뜻합니다. 테러범을 찾아내려고 기차역에 안면 인식 시스템을 설치한다면, 다른 일반 여행자들의 얼굴이 다 영상에 녹화될 거예요. 또한 테러범으로 의심되는 사람들의 이메일이나 채팅이 감시의 대상이 된다면, 아무 죄 없는 일반인들의 이메일과 채팅 내용 또한 저장되는 거죠.

바로 이런 이유로 독일에서는 통신 데이터저장 제도가 논란이에요. 이 제도는 누가 언제 누구와 어떤 번호로 통화했는지, 모든 사람의 통신 데이터를 저장하는 거예요. 정치에 관심이 있든 없든, 극단주의적인 단체에 가입했든 아니든, 모든 시민과 관련되는 거죠. 이 데이터로 연방헌법수호청은 누군가의 아주 정확한 신상 명세를 파악할 수 있어요. 그 과정에서 부모나 친구나 동료나 고객처럼 아무런 범죄 의도 없이 극우주의자들과 접촉했던 사람들 또한 의심받게 될 수도 있는 거예요. 그래서 유럽연합의 최고법원인 유럽사법재판소는 통신 데이터의 저상을 금지했고, 현재 독일에서는 모든 통신 데이터를 10주 후에 삭제해야 합니다.

시민교육이 필요해

만약 시민들 다수가 민주 법치국가에 반대한다면, 앞서 말한 모든 조치들은 아무런 소용도 없을 거예요. 정부로서는 자유민주주의의 기본 질서와 헌법을 지켜야 할 이유가 전혀 없을 테니까요. 민주주의를 지켜 내는 가장 좋은 방법은 시민 대다수가 민주주의를 원하는 거예요. 그래서 독일 정부와 여러 단체들은 여러 행사나 책을 통해 민주주의가 왜 중요한지, 극단주의가 자유로운 사회에 어떻게 해를 끼치는지 등을 알리고 있습니다.

시민교육은 이미 극단주의 단체에 속해 있는 사람에게도 중요해요. 감시와 처벌만으로는 생각이나 입장까지 바꿀 수 없기 때문이지요. 독일의 여러 단체들은 학교에 나가서 극단주의, 특히나 극우주의와 이슬람주의에 관해 교육을 펼쳐요. 친구를 무신론자나 이교도라고 비난하는 일, 자살테러범을 영웅으로 추켜세우는 일, 외국인 학생을 위협하는 일 등에 대해 이야기를 나눠요. 앞에서 보았던 마티아스의 예처럼, 극단주의 단체에서 탈퇴한 사람이 이런 교육에 참가해 학생들에게 자신의 경험담과 다시 사회로 돌아오게 된 과정 등을 들려주는 경우도 종종 있어요.

난민 청소년들은 극단주의에 물들 위험이 특히 높아요. 난민들은 전쟁 지역에서 무자비한 폭력과 험난한 탈출 과정을 이겨내고 살아남았기 때문에 정신적인 충격에 시달리는 경우가 많습니다. 미래에 대한 불안이 큰 청소년들은 극단주의에 쉽게 영향을 받지요. 그렇다면 미래를 그리기 어려웠던 난민 청소년은 이슬람주의자들이 제시하는 단순한 해법에 얼마나 더 쉽게 끌리겠어요? 그렇기 때문에 난민 수용소에서 일하는 담당자나 자원봉사자들은 난민 청소년들이 가능한 한 빨리 현지 언어를 배울 수 있도록 도와야 해요. 현지 언어를 쓸 수 있을 때 비로소 새로운 삶을 개척할 수 있기 때문이지요. 물론 그들에게 체류 허가가 떨어진다는 전제 아래 말입니다. 난민들을 위해 일하는 사람들은 이슬람주의 단체가 난민들과 접촉을 시도하려 하는지를 예의 주시하면서, 제때 개입하는 게 무엇보다 중요해요.

우리가 도울 수 있는 일은?

극단주의 조직에 몸담았던 기간이 길면 길수록 빠져나오기가 더 어렵습니다. 그만큼 다른 사람의 말을 들으려 하지 않기 때문이에요. 심지어 자신을 도우려는 사람의 말조차 받아들이지 못하지요.

상담사, 사회복지사 그리고 심리학자들은 감옥에 갇힌 극단주의자들을 만날 기회가 많아요. 그런데 이미 너무 많은 일들이 일어난 뒤라서 어찌해 볼 도리가 없는 경우가 대부분이죠. 따라서 범죄를 저지르기 전에 극단주의자들에게 접근하기 위해서는 주변 사람들의 도움이 절실히 필요합니다. 즉, 자신의 친구나 가족이 극단화되어 가고 있다는 의심이 든다면, 지체 없이 상담소 등 도움을 줄 수 있는 기관을 찾아야 해요.

극단주의적인 사고방식에 물든 사람에게 좀 더 열린 세계관을 가지라고 설득하는 일은 결코 쉽지 않습니다. 외국인이 자기 나라에서 일을 하면 안 된다고 생각하는 사람, 이교도는 쓸모없는 인간이라 여기는 사람, 국가는 무력으로 때려 부숴야만 한다고 생각해 왔던 사람 들은, 다른 세계관을 받아들이기 어려워요. 정치적이거나 종교적인 신념은 자기 정체성의 일부이기 때문입니다. 그래서 자기 신념에 의문이 생기면 자신의 존재가 불확실해지는 것처럼 느끼게 되지요.

따라서 극단주의자와 만날 때는 대화를 나누면서 먼저 자신의 관점부터 설명하는 게 좋아요. 상대방에게 세상을 바라보는 다른 관점도 있다는 사실을 자연스럽게 알려 주는 거죠. 예를 들어, 우리에게 전쟁이 닥친다면 우리도 난민이 되어 마찬가지로 다른 나라로 피신하게 될 거라고 말해요. 또 누구나 다른 사람의 종교나 신앙에 대해 판단하거나 간섭해서는 안 된다는 생각을 전하고요. 사회시스템 전체를 파괴하기보다는 사람들과 힘을 합쳐 사회의 부족함을 채워 나가는 것이 더 낫다고 이야기하는 거죠.

극단화 초기라면 이런 대화만으로도 충분히 그 사람의 생각을 바꿀 수 있을 거예요. 하지만 그가 특정 이념에 이미 너무 깊이 사로잡혀 있다면, 대화하는 것조차 쉽지 않지요. 그는 의견을 나누는 것 따위에는 관심이 없을 테니까요. 아니면, 극단주의를 정당화하는 아주 많은 지식을 갖추고 있어서 논쟁으로는 생각을 바꾸기가 거의 불가능할 수도 있고요. 사실, 이념이란 반박하기가 쉽지 않다는 게 가장 중요한 포인트일지 몰라요.

그런데 극단화 뒤에 특정한 이념만 숨어 있는 게 아닙니다. 삶의 방향과 공동체를 찾고 싶다는 바람 또한 숨어 있어요. 따라서 친구나 가족의 극단화를 멈추게 하고 싶다면, 그들의 이러한 바람에 대해서도 생각해야 해요. 이 일들을 모두 혼자할 수는 없습니다. 극단화된 가족이나 친구를 둔 이들에게 상담소는 큰 힘이 되어 줄 거예요.

상담사에게 도움을 요청하고 나면 극단주의에 빠진 친구나 가족이 앞으로 어떻게 해야 할지에 대해 이야기 나눌 수 있을 것입니다. 단, 당사자가 범죄를 계획하고 있다거나, 전쟁 지역으로 떠날 준비를 하고 있다거나 하는 급박한 상황이라면, 즉시 경찰에 도움을 청해야 해요. 그렇지 않다면 상담소에서는 극단화된 사람에게 적절히 대처하고, 그를 다시금 가족이나 친구들의 품으로 데려올 수 있도록 도움을 줄 거예요.

극단주의 조직에서 탈퇴하려면 인내가 필요합니다. 평균 잡아 2년 정도의 시간이 걸린다고 해요. 시간이 걸리는 만큼 성공률은 꽤 높은 편이지요. 상담사가 직접 만나 이야기를 나누고 돌봐준 극단주의자들의 대다수가 기존의 이념에서 빠져나왔어요.

극단주의에 빠진 사람들이 하루빨리 도움의 손길을 찾아 나서고 지원 기관을 찾는다면, 시리아의 전쟁터로 떠나거나 외국인을 때려눕히는 일만큼은 막을 수 있을 거예요.

술집 바로 옆자리에서 몇 명의 사내가 외국인을 상대로 시비를 걸고 있다면 어떻게 할까요? 얼굴을 가린 사람들이 상점의 유리창을 깨거나, 빡빡머리에 군복을 입은 한 남자를 신나치주의자로 여겨 집단 구타하고 있다면요? 답은 간단합니다. 경찰에 알리는 거예요. 경찰에 신고하는 것은 익명으로도 가능해요.

페이스북이나 인스타그램, 또는 인터넷상의 사이트에서 극단주의적인 글과 동영상, 사진 자료 등을 발견했다면 어떻게 할까요? 마찬가지로, 해당 내용을 신고해야 해요. SNS에는 보통 게시물 바로 옆에 그 게시물이 위험하다거나 모욕적이라거나 선동적이라고 생각되면 곧바로 신고할 수 있는 기능이 있습니다.

다른 사람들과 힘을 모아 거리 집회, 연주회, 플래시 몹, 시 낭송회 같은 행사를 계획할 수도 있습니다. 그런데 신나치주의자나 여성을 폄하하는 이슬람주의자, 또는 자동차에 불을 지르는 좌파들에 반대하는 행사만큼은 열지 않는 것이 좋아요. 누군가에 반대하는 행사는 그 누군가에게 자신의 흑백논리가 맞았다는 확신을 갖게 하고, 사회에 대한 부정적인 인식을 한층 더 강화시킬 수도 있기 때문이에요. 그보다는 누군가를 지지하는 행사를 여는 게 더 나을 거예요. 예를 들면 더 많은 관용을 촉구하고, 난민을 좀 더 인간적으로 대할 것을 요구하며, 더 많은 평화를 추구하는 행사들 말이에요.

유럽에서 테러를 저지른 대부분의 사람은 이미 경찰에 알려진 인물들이었습니다. 그런데도 그들의 범죄를 제때 막지 못했어요. 감시를 좀 더 일찍 강화했더라면 상황이 달라졌을까요? 이는 확실하지 않아요.

위험천만한 극단주의자들을 감시하고 극단주의 범죄를 막을 수 있는 많은 방법이 이미 존재합니다. 어떤 사람들은 왜 이런 방법을 미리 쓰지 않느냐고 불평하지요. 반면에 '방어적인 민주주의' 또한 비판을 받습니다. 이 개념에 따르면, 민주 법치국가에 반기를 드는 사람들이나 단체에게는 아직 범죄를 저지르지 않았더라도 법적인 조치를 취할 수 있지요.

여기에서 현대 민주주의의 전형적인 문제, 즉 다음과 같은 진퇴양난의 곤란한 상황이 벌어져요. 민주 법치국가는 극단주의자에게 지나치게 공격적이면 안 됩니다. 그렇지 않으면, 국가가 모든 시민의 자유를 제한하게 되니까요. 그런데 국가가 극단주의자에 대해 충분히 엄격하게 대처하지 않는다면, 극단주의자들은 어쩌면 모든 사람의 자유를 파괴할지도 모르지요. 결국 우리 사회가 언제 어디서나 늘 떠올려야만 하는 질문은 하나입니다.

"안전하다는 느낌을 누리기 위해 우리는 얼마나 많은 자유를 포기해야만 할까요?"

나오는 말
극단주의는 사회의 온도계

극단주의자들은 민주 법치국가를 상대로 투쟁합니다. 지난 수백 년 동안 힘들게 싸워 쟁취한 모든 자유와, 우리가 개인적으로, 직업적으로, 사회적으로 발전할 수 있는 모든 기회를 완전히 다른 사회질서로 대체시키려 해요.

극단주의자들의 그런 의도가 두려워, 우리는 그들과 맞서 싸울 수도 있어요. 하지만 그들의 말에 귀를 기울일 수도 있지요. 극단주의자들의 요구 사항들이 그리 터무니없는 건 아니니까요. 오히려 진지하게 받아들일 만한 것들이 많습니다. 역사의 흐름 속에서 우리 사회는 급진적인, 하지만 결코 극단주의적이지는 않은 많은 요구 사항들을 받아들이며 비로소 현재의 모습을 갖추게 되었어요. 여성이 투표한다든지, 부모가 자녀를 때려서는 안 된다든지 하는 생각이 급진적인 생각이던 시절이 있었지요. 지금은 너무나 당연하게 받아들여지는 것들을 주장하고 요구했다는 이유만으로 당시 어떤 사람들은 무시당하기도 했어요. 오늘날 우리는 그들의 용기 있는 행동에 진심으로 감사해합니다.

극단주의에는 또 다른 효용이 있습니다. 극단주의적는 사회의 온도계예요. 이 온도계는 사회의 어디가 병들어 있는지, 어디에 문제가 있는지를 알려 주지요. 물론 이 온도계에는 폭력을 쓰겠다거나 민주 법치국가를 무너뜨리겠다는 의지 따위는 들어 있지 않아요.

난민에 대한 두려움으로 인해 어떤 정당들이 표심을 얻는다면, 이는 이제까지의 정책에 대한 시민들의 의심을 보여 줘요. 좌파 단체가 G20 정상회담 장소에서 시위를 벌이며 경찰과 맞서고, 또 이 시위가 많은 시민들로부터 지지를 받는다면, 주요

선진국들의 정책이 일반 시민들의 바람과 얼마나 동떨어져 있는지를 알 수 있습니다. 수백 명의 젊은이들이 머나먼 낯선 국가의 전쟁터로 떠나려 한다면, 그보다 더 젊은 청소년들은 자기 나라에는 더 이상 발붙일 곳이 없다고 느끼게 돼요. 모든 자유와 기회가 있는데도 불구하고 말이지요.

극단주의가 확산되어 가는 영역들은 우리 사회와 정치가 어느 곳을 좀 더 세심하게 들여다봐야 하는지, 어떤 것들을 더 중시해야 하는지를 알려 줍니다. 그렇다고 해서 모든 정당이 극단주의자들의 요구를 그대로 다 받아들여야 한다는 말은 아니에요. 하지만 적어도 한번쯤은 지적된 문제들을 진지하게 검토해 볼 필요는 있죠.

어떤 사회도 그 사회의 구성원 모두를 만족시킬 수는 없습니다. 언제 어디서든 정치의 중심 영역에서 주변으로 밀려난 사람들은 있기 마련이니까요. 하지만 가능한 한 구성원 모두를 하나로 통합시키는 게 민주사회의 책임이에요. 극단주의자를 배제시킨 채 그들의 말에 귀 기울이려는 시도조차 하지 않는다면, 편견과 비난으로 그들과 맞서려 한다면, 그들이 옳았다는 것을 인정하는 것밖에 되지 않지요. 아울러 사회가 더욱 발전할 수

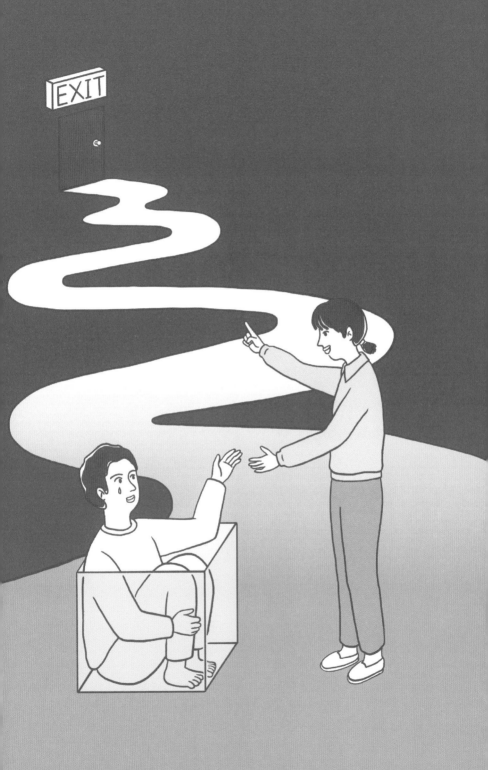

있는 기회를 걷어차고 마는 셈입니다.

극단주의 단체는 민주 법치국가가 극복해야 할 대상이에요. 하지만 극단주의자들은 정체된 사회에서 변화를 주도하고 있기도 하지요. 사회 전체에 이익이 되는 급진적인 요구를 내세우건, 그들의 요구를 막아 내기 위해 정부가 새로운 대책을 마련했기 때문이건 간에 말이에요.

민주주의는 끊임없이 변화해야 하며, 새로운 세대의 요구에 부응해야 해요. 사회가 그렇게 늘 변화할 준비가 되어 있고, 동시에 그 사회의 가장 중요한 가치를 꿋꿋이 지켜 낼 수 있어야만 비로소 대다수 사람들은 민주주의라는 이념을 계속해서 지지할 수 있을 것입니다.

도대체 극단주의가 뭐야?

해제

우리가 만나는 '극단주의'는?

구정은

《경향신문》 기자. 분쟁과 테러와 재해에 대한 기사를 많이 썼다.
『사라진, 버려진, 남겨진』을 썼고, 『10년 후 세계사』, 『지구의 밥상』을 함께 썼으며,
『나는 라말라를 보았다』 등을 옮겼다.

'난 OO 민족은 싫어!'

'OO 출신에게 우리와 똑같은 혜택을 주는 정책에 반대한다!'

'OO들에게는 임금 기준을 다르게 적용해야 한다!'

이 책의 저자 안야 러임쉬셀이 이야기했던 극단주의자들의
말들입니다. 어디서 많이 보았던 이야기이지 않나요?

2015년 사우디아라비아가 아라비아반도 남쪽 끝에 있는 예
멘을 공격하자, 예멘 사람들은 전쟁을 피해 이 나라 저 나라로

탈출했습니다. 그 전에는 내전이 일어났던 시리아와 아프가니스탄 등에서 난민들이 유럽으로 대거 피신하면서 난민 위기가 벌어졌지요.

신문이나 방송으로만 접했던 이런 사건이 한국에서도 일어났습니다. 말레이시아에 있던 예멘 난민 500여 명이 비행기를 타고 제주도로 온 겁니다. 한국과 말레이시아는 '무비자 입국' 협약을 맺고 있기 때문에 마침 직항 편이 있었고, 한국에 대해 잘 모른 채로 피난처를 찾던 예멘 사람들이 제주도에 오게 되었죠. 이 과정에 어떤 음모나 누군가의 나쁜 의도 따위는 없었어요.

그런데 한국에선 말 그대로 대소동이 벌어졌지요. SNS와 뉴스 댓글들에는 '저들은 이슬람 테러 집단이다.', '아랍계 남성들이 한국 여성들을 성폭행할 것이다,' '우리 세금을 저들에게 쓸 수는 없다.' 하는 막말이 들끓었습니다. 그중에는 이해할 만한 우려도 있었지만 인종차별적이거나 특정 종교를 혐오하는 발언들도 적지 않았지요.

한국에 들어온 이주노동자들은 직장을 선택할 권리가 없습니다. 일터를 옮기고 싶으면 고용주인 사장님에게 허락받아야 하

2018년 10월, 서울 광화문에서 열린 예멘인 수용 결정 반대 집회. 참석자들이 '가짜 난민 추방'이라고 쓴 피켓을 들고 있다. ⓒ연합뉴스

니까요. 사실 한국에서 한국인 노동자들이 당연하다고 여기는 권리 중에 이주노동자들에게는 보장되지 않는 것들이 많아요. 이주노동자들은 대체로 임금이 낮고 한국인들이 기피하는 곳에서 주로 일하지요. 그런데 2019년 6월 한국의 한 주요 정당 대표는 "외국인들에게도 같은 임금을 적용하는 건 불공평하다."고 말했습니다. 최저임금은 국적과 상관없이 최소한도로 인간적인 생활을 하는 데에 필요한 금액을 정해 놓은 것인데, 이주노동자들에게는 다른 기준을 적용하자고 한 거예요. 그런데 한국인들

중에는 이런 주장에 찬성하는 이들이 적지 않았어요.

  이른바 '일베'라는 사이트에는 과거 정권이 저지른 범죄를
옹호하고 민주화 투쟁은 깎아내리는 글이나, 여성과 소수자들
을 향해 폭력을 부추기는 글들이 적잖게 올라옵니다. 그런가
하면 특정 지역을 비난하고 공격하고 "OOO를 처단하라.", "베
어 버리자."며 서울 광화문 복판에서 시위를 벌이는 '어버이연
합' 같은 단체도 있고요. 이런 말과 글과 행동은 민주주의사회

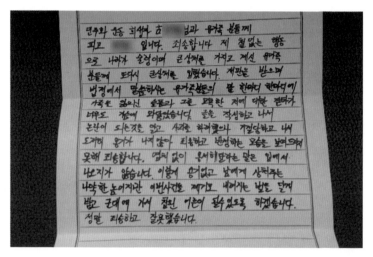

2014년 5·18 광주민주화운동 희생자의 관을 택배에 빗대어 모독한 혐의로 징역 1년을 구형받은 일베 회원이
피해자 측에 보낸 사과 편지이다. ⓒ연합뉴스

도대체 극단주의가 뭐야?

에서 마땅히 보장해야 할 '표현의 자유'라고 볼 수 있지만 어쩐지 마음 한구석에 꺼림칙한 기분이 남습니다. 이렇게 막말을 해도 괜찮은 것일까요? 누군가를 몰아내고 차별하는 게 과연 우리 사회를 안전하고 살기 좋게 만드는 길일까요? 혹시나 비뚤어진 생각을 가진 누군가가 거리로 나와 나를 공격하면 어쩌지요? 저런 댓글들이 사람들 사이에 증오를 너무 부추기는 건 아닐까요?

사실 우리에게는 낯선 극단주의

이 책에서 저자는 '사회가 근본적으로 변화하기를 바라면서' '민주 법치국가를 무너뜨리려' 하는 것을 극단주의로 표현합니다. 다르게는 '독재나 독단적인 행동을 추구하는 성향'을 극단주의라고 했지요.

하지만 극단주의자들 중에 '독재를 원한다.', '독단적인 행동을 추구한다.'라고 공개적으로 말하는 사람은 거의 없습니다. 난민들을 절대 받아들여서는 안 된다는 사람들도 그것이 '우리의 민주주의'에 맞는다고 주장하지요. 여성들을 억압하는 이슬람법을 고집하는 사람들은 '이것이 진짜 이슬람교도를 위한 것'

이라고 말해요. 낙태와 동성애에 극렬 반대하는 이들이 '우리는 생명과 윤리를 존중하는 사람들'이라 말합니다. 독재나 독단적인 행동을 열망하는 표현이 민주주의나 도덕관념에 대한 말들과 교묘히 섞여 있는 거예요. 그렇기 때문에 극단주의를 경계하기 위해서는 시민들의 공부와 고민이 그만큼 더 필요하지요.

극단주의는 겉으로 드러난 주장이 어떻든, 자신과 다른 사람들을 어떻게 대하는지에 따라 구분할 수 있습니다. '다른 사람들'은 견해와 생각이 다른 사람들일 수도 있고, 피부색이나 민족·종교·성적 지향·언어 등등의 정체성이 다른 사람들일 수도 있어요. 몹시 급진적인 변화를 원한다고 해도, 다른 의견을 가진 사람들과의 공존을 인정한다면 극단주의라 부를 수 없습니다. 하지만 타인의 생각을 강제로라도 바꿔야 한다고, 혹은 사회에서 그들을 없애야 한다고 우긴다면 이야기가 달라져요. 생각이나 정체성이 다른 사람들의 존재를 용납하지 않는 사람은 공동체 안에서 그들의 존재를 거부하게 되지요. 엄연히 법과 제도가 있는데 자신과 다른 이들을 몰아내려면 현행법을 어기고 폭력적인 방법을 쓸 수밖에 없습니다. 말로만 공격한다면 증

도대체 극단주의가 뭐야?

오·혐오 발언이지만 행동에 나서면 테러 혹은 극단주의적인 증오범죄가 되는 거예요.

　이런 '극단주의'는 한국에서는 낯선 현상일 수 있습니다. 하지만 우리에게도 시사하는 바가 커요. 앞에서 얘기했듯 난민이나 이주자, 특정 종교나 소수집단을 비판하는 것을 곧바로 극단주의라 부를 수는 없지만, 누군가가 그런 생각을 실제 행동으로 옮긴다면 끔찍하고도 사회 전체를 옥죄는 공포스러운 상황이 발생할 수도 있지요. 미국 텍사스주에서 히스패닉 주민을 혐오하는 백인이 2019년 10월에 총기 난사 범죄를 저지른 것처럼 말이죠. 노르웨이, 호주, 독일을 비롯해 곳곳에서 그런 사건들이 일어났습니다.

　여기서 '민족'이라는 개념에 대해 다시 한 번 생각해 봅시다. 국가 대항전 축구 경기를 볼 때나 올림픽에 단일팀으로 출전한 남북한 팀을 응원할 때, 우리는 민족이라는 손에 잡히지 않는 실체가 우리 안에 있음을 경험합니다. 민족은 이렇듯 때론 가슴 뭉클하게 만드는 단어일 수 있어요. 하지만 '민족'의 이름을 내거는 것이 우리와 다른 사람들을 배척하는 극단주의로 가는 징

검다리일 수도 있지요. 그러니 우리는 늘 생각하기를 멈추지 말아야 합니다.

극단주의가 탄생한 정치·경제적 배경

이 책은 극단주의의 여러 형태들을 다루면서 개개인이 어떤 상황일 때 극단주의에 빠져들게 되는지 설명합니다. 개인이 극단적인 주장에 귀를 기울이고 빠져드는 데에는 여러 요인이 있지만, 그런 개인의 숫자가 꽤 많다면 그 사회의 문제 때문일 거예요. 비슷한 절망감을 느끼거나 비슷한 위기에 빠진 사람들이 상당수에 이른다는 얘기니까요. 이렇듯 극단주의를 이해하려면 그런 이들이 적잖이 생겨나게 된 정치적·경제적인 바탕도 들여다봐야 합니다.

21세기에 극단주의가 고개를 치켜들게 된 구조적인 요인으로는 '냉전의 붕괴'와 '저성장'이라는 정치·경제의 두 가지 양상을 짚을 수 있습니다. 두 차례 세계대전이 끝난 20세기 후반부의 세계는 역설적이지만 안정돼 있었어요. 거의 모든 나라들이 공산주의 또는 자본주의, 권위주의형 정치체제 또는 서구식 자유민주주의 체제를 선택했습니다. 미국과 유럽처럼 자유민주주의 속에서 자본주의적 경제발전의 길을 택한 나라들도 있었고, 한국을 비롯한 아시아와 중남미의 여러 나라들처럼 권위주의적인 지도자가 집권해 자본주의적 경제발전을 택한 나라들도 있었어요. 중동 국가들은 군부 독재정권이나 권위주의적인 정권이 들어선 가운데, 국가 주도의 경제 시스템을 갖고 있었고요.

1980년대 후반부터 세계의 거의 모든 곳에서 민주주의와 선거를 통한 정권교체가 이뤄지기 시작했고 냉전은 끝났습니다. 억지로라도 국가나 사회를 하나로 묶어 주던 이념은 사라졌어요. 동시에 20세기 후반부 50년 동안 고속 성장을 하던 세계경제도 정체되기 시작했지요. 경제는 계속 성장하고, 학교를 졸업하면 취직하고, 회사에서 일하면 월급이 오를 것이라는 믿음이 깨진 겁니다. 경제는 더 이상 예전처럼 성장하지 않고 일자리는 줄어들어요. 처음으로 부모 세대보다 못사는 자식 세대가 나오고요. 1950년대부터 1960년대에 걸쳐 태어난 베이비부머 세대는 가진 것을 잃어 갑니다. 이는 지금 한국뿐 아니라 세계 여러 곳에서 공통되게 벌어지고 있는 일이에요. 점점 더 많은 젊은이들과 베이비부머 세대가 극단주의에 빠져드는 현상은 이런 맥

'일하고 싶습니다!' 일자리를 찾는 청년 세대와 베이비부머 세대. ⓒ연합뉴스

락 속에서 살펴야 합니다. 존재 가치와 생존 수단을 잃어 가는 사람들이 '나와 다른 사람들' 혹은 '기성 제도'를 적으로 돌리고 폭력적·선동적인 주장을 받아들이게 되는 거니까요.

　게다가 이미 세계는 하나로 이어져 있습니다. 세계화와 통신·미디어의 발달은 극단주의가 퍼지는 배경이자 도구예요. 이주민이 밀려온다, 중국 공장들 때문에 내 일자리가 사라진다,

　　　　　　　　　도대체 극단주의가 뭐야?

노인들이 세금을 다 갉아먹는다, 저들의 종교가 우리를 위협한 다는 극단적인 생각들이 순식간에 수백만 명에게 퍼질 수 있는 시대가 된 거죠.

이런 상황에서 누군가는 일부러 선동을 합니다. 당장 폭력이 난무하지는 않더라도 이는 몹시 위험할 수 있어요. 이 책에서는 청소년들을 상대로 문화 활동을 하거나 사회단체를 통해 극단 주의적인 생각을 전파하는 양상을 소개했어요. 총을 들고 뛰쳐 나가는 극단주의자는 말 그대로 극소수이지요. 하지만 미국의 도널드 트럼프 대통령이라든가 유럽의 극우파들, 한국의 일부 정당들처럼 정치적·종교적 극단주의의 경계선에 있는 정치세 력들이 적지 않습니다. SNS에서 외국인을 몰아내자고 선동하거 나 공공연한 차별을 정책으로 내거는 일도 극단주의의 징후로 볼 수 있지요.

우리에게 다가오고 있는 문제, 극단주의

어떤 현상을 두고 극단주의냐 아니냐를 딱 잘라 구분하기는 힘듭니다. 하지만 극단주의는 바로 그 모호함을 뒤집어쓰고 사 회를 위협해요. 이렇게 미묘한 경계선에 서 있는 극단주의에 어떻게 대처해야 할까요?

유럽에는 혐오발언이나 선동을 법으로 금지한 나라들이 있습니다. 한국에서도 차별금지법을 제정하려는 움직임이 있습니다. 물론 극단주의를 경계해야 하죠. 그렇지만 우리에게 생소한 견해에 쉽게 극단주의라는 딱지를 붙이는 것이 오히려 민주주의를 위협할 수도 있어요. 누군가를 무슨무슨 '주의자'라고 규정하는 것에는 늘 위험이 따르기 마련이고, 인권을 침해할 소지가 있습니다. 미국 정보기관이 극단주의 테러를 막겠다며 전 세계의 수억 명을 불법으로 도·감청했다가 2016년 폭로된 적도 있고요. 어디까지 포용하고 어떻게 규제할지에 대한 고민이 바로 민주주의에 대한 고민이고, 그 고민의 결과가 그 사회의 포용력과 자정 능력을 보여 주는 잣대가 되겠지요.

2011년 노르웨이에서 아네르스 베링 브레이비크가 극우 테러를 일으켰을 때 옌스 스톨텐베르크 당시 노르웨이 총리는 희생자들을 기리며 "우리의 대응은 더 많은 민주주의와 개방성, 인간애"라고 했습니다. 이 책은 아직은 멀게 느껴지는 극단주의 현상을 '우리에게 다가오고 있는 문제'로 바라볼 수 있게 해

도대체 극단주의가 뭐야?

줍니다. 극단주의에 맞서 국가나 정보기관이 할 일도 많지만 결국 중요한 것은 극단주의를 용납하지 않고 다양성과 민주주의를 존중하려는 시민들의 태도죠. 언론의 보도나 SNS의 댓글 하나를 보면서도 혹시나 이것이 누군가를 공격하려는 의도를 담고 있는 게 아닌지, 혹은 의도치 않게 그런 결과를 가져오지는 않을지 생각해 봐요. 그것이 시민 한 명 한 명이 극단주의에 맞서는 방법일 거예요. 결국 우리에게는 '더 깊고, 더 넓고, 더 많은 민주주의'가 필요합니다.

10대를 위한 글로벌 사회탐구

도대체 극단주의가 뭐야?

1판 1쇄 찍음   2020년 4월 17일
1판 1쇄 펴냄   2020년 4월 24일

지은이 안야 러임쉬셀
옮긴이 김완균
그린이 이시내
해 제 구정은
펴낸이 박상희
편 집 김솔미, 전지선
디자인 정다울

펴낸곳 (주)비룡소
출판등록 1994년 3월 17일 제16-849호
주소 06027 서울시 강남구 도산대로1길 62 강남출판문화센터 4층
전화 영업 02)515-2000 편집 02)3443-4318,9 팩스 02)515-2007
홈페이지 www.bir.co.kr
제품명 어린이용· 반양장 도서
제조자명 (주)비룡소
제조국명 대한민국
사용연령 3세 이상

ISBN 978-89-491-5298-1 44330 / 978-89-491-5296-7 (세트)

이 도서의 국립중앙도서관 출판시도서목록(CIP)은 서지정보유통지원시스템 홈페이지(http://seoji.nl.go.kr)와
국가자료공동목록시스템(http://www.nl.go.kr/kolisnet)에서 이용하실 수 있습니다.
(CIP제어번호: CIP2020014085)